JN439898

낭산 이야기

낭산 이야기

초판 1쇄 인쇄 | 2020년 04월 11일
지은이 | 이기순
펴낸이 | 이승훈
펴낸곳 | 해드림출판사
주 소 | 서울 영등포구 경인로82길 3-4(문래동1가 39)
센터플러스빌딩 1004호(우편07371)
전 화 | 02-2612-5552
팩 스 | 02-2688-5568
E-mail | jlee5059@hanmail.net

등록번호 제2013-000076
등록일자 2008년 9월 29일

ISBN 979-11-5634-398-1

이기순 산문집

낭산 이야기

아무래도 혼자서 산길 나그네로 흘러 다니는 게
마음 편하고 어디에도 구애받지 않아서 좋았다.
시끌시끌한 곳보다는 사람의 발길이 드문 외딴길이
산타령을 맘껏 흥얼댈 수도 있고 또 호젓해서 더 좋다.

해드림출판사

펴내는 글

낙화유수의 세월

중국의 양당兩唐 시인 두보杜甫가 그의 대표작
「곡강시曲江詩」에서 인생칠십고래희人生七十古來稀
라 했는데, 낙화유수의 세월이 참으로 많이도 흘렀다.
퇴직하자마자 아내가 병고에 들어 무료할 틈도 없이
7년을 동고동락하다 그마저 사별死別하고 나니
외톨이의 삶이 그지없이 허허롭고 적적했다.
그래 적료함을 덜기 위해 페이스북(Facebook) 공간에
매주 한 편씩 짤막한 글을 써서 올렸더니
두 해 동안에 그럭저럭 100여 편을 넘어섰다.
절반 정도는 예전에 단편적으로 적어 두었던 이야기들이고
나머지는 최근 들어 이런저런 생각들을 기록해 본 것들이다.
그것들을 내용별로 구분해 보니

제1부 '낭산 일기'는 나 자신의 잡다한 신변잡기들이고
제2부 '아내 일기'는 내게 빈자리만 남겨 주고 떠나 버린
아내에 대한 그리움의 이야기들이다.

제3부 '추억 일기'는 유년 시절의 산골 생활에 대한 애틋한
추억과 고향의 풍물, 인정, 향수들을 적었고
제4부 '교단 일기'는 35년간의 교직 생활 중 겪었던 에피소드와
개인적이고 주관적인 단상들이다.
'여행일기'를 추가하려고 했으나 분량이 과다해
이것은 기존의 졸저 '내 나라 내 땅'의 제2권으로
별도 출판할 계획이다.

두 내외 평생직장 생활하느라 겨를이 없이 보내고
아들딸도 다 키워 제 살림으로 내보내지 않았던가.
이제 서로가 오순도순 노년을 의탁하며
세상살이 더불어 정담 나눌 일만 남았거늘
인생사 내 의지대로 못할러니
해로偕老하지 못하는 짧은 인연을 설워하며
가엾은 아내를 위해 이 책을 바치노라.

2020년 이른봄에
낭산 이기순

차 례

펴내는 글 낙화유수의 세월 4

1. 낭산 일기

내 나라 내 땅 16
코스모스를 노래함 19
낭산浪山의 변辯 22
담임 선생님 25
아리랑 29
단군신화의 의미 33
우리 동네 지명들 37
언어의 주체성 40
우리 소리 43
양시론적 시각과 안목 46
양성평등에 대한 시비 49
장돌뱅이의 항수 · 1 52
장돌뱅이의 항수 · 2 54
노년의 수학여행 58
발리에서 온 편지 61
발리의 수양딸 64
더불어 사는 지혜 67

내가 지켜본 지암知岩 선생 73

아름다운 백작 76

어린이날에 79

어버이 날에 82

낙화유수 85

산山팔자 물水팔자 89

평양 이야기 92

이산가족 상봉 94

거룩한 모정 96

이별의 노래 99

사랑은 영원한 향수 102

사이버 예절 104

뚝배기랑 냄비 사랑 106

김장선물 109

오병남 시집 출간에 부쳐 112

설상가상雪上加霜 114

어느 어린이날 117

마지막 황녀皇女 덕혜옹주 122

느리게 천천히 125

인연因緣 127

소록도의 천사들 129

또 하나의 향수 동해 삼척 131

산수山水와 문사文士의 고을 영양 135

양심적 병역 거부 141

호두알의 작은 행복 143

길 따라 떠나는 문학여행 145

2. 아내 일기

아내 그 소중한 인연 150

아들에게 153

달리고 싶은 아내의 소망 158

고마운 미용 봉사 163

마누라 흉보기 165

청실홍실 167

아내 168

손녀와 아내 170

스무고개 172

루게릭 · 1 174

루게릭 · 2 176

위루술 178

삼불능三不能 180

요리 교실 182

마라톤 184

하늘 여행 186

인연 187

마지막 선물 188

흔적을 지우며 190

파도야 191

눈이슬 192

천등天燈 · 1 194

천등天燈 · 2 196

고추잠자리 197

바람떡 198

남의 편 200

3. 추억 일기

찔레꽃 203

정월대보름 달맞이 206

입춘立春맞이 209

귀성길 211

내 고향 풀무골 213

고향故鄕의 의미 · 1 215

고향故鄕의 의미 · 2 219

묵밥 223

칡뿌리 225

알밤 줍기 227

맷돌 230

털레기국수 233

대학찰옥수수 235

사라져가는 산골학교 239

하모니카 242
고향의 인심 244
귀촌과 텃세 247
어느 귀향 250
내 누님이여 255
작은 인연 259
Y에게 보내는 편지 262
나의 심산 속리산 266
무심천 268
초등학교 동창회 271
세월 이야기 274
고기잡이 276
풀무골의 어제와 오늘 279
망우리 공원묘지 282

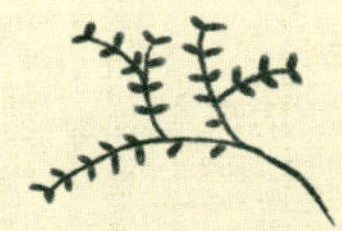

4. 교단 일기

소월素月과 오산五山과 나 286

산유화山有花의 겨레 시인 김소월 292

천재 화가 이중섭 297

위인전에 대한 소견 301

스승의 날 유감 304

스승의 날 편상片想 307

교총과 전교조의 상생 310

특목고와 자사고의 문제점 313

교사 정년에 따른 시비 317

수능 출제에 대한 일언 320

바보 교장 323

답사 보고서 326

음료수 캔 330

김영배 선생님을 추도함 335

선생님에 대한 짝사랑 337

겨울 속리산에서 340

커피 아주머니 345

연상의 여인 349

남의 글 써주기 354

마음의 여유 356

송덕비 후일담 360

은행나무 단풍잎 364

이런 일도 367

퇴임사 370

1

낭산 일기

독도에서(2018년 광복절에)

내 나라 내 땅

어느 때고 가슴에 한 가닥 회오리바람이 일면
배낭을 들쳐메고 산이든 바다든
우리 땅 구석구석을 찾아 헤맸다.
풍우에 씻긴 비석을 쓰다듬으며 회고의 정에
젖기도 하고, 솔숲에 묻힌 누각에 올라
잊혀진 시편들을 읊조리기도 한다.
뿐만 아니라 갈대 우거진 성터에 올라 내 땅을
지키기 위해 분전하던 군사들의 함성도 듣고,
권세를 한 손에 쥐고 천하를 흔들어대던 영웅들의
묘 앞에서 세월의 무상함을 탄식도 하고,
때로는 산새 소리만이 죄죄한 옛길을 거닐며
나그네의 시름에 젖기도 한다.
'내 것' '우리 것'을 찾아 헤매는 발길은 닿는 곳
모두가 유정하고 다감하다.
이 땅의 돌멩이 하나, 풀 한 포기 나무 한 그루도
스치는 대상 모두가 범상치 않고 거룩한
존재들로 다가오는 것이다.

나는 고인과의 대화를 좋아한다.
서낭당의 돌탑에서도, 허물어진 성터 이끼 낀 돌탑에서도 우리 민족의 살아있는 전통을 배우고 겨레의 뜨거운 핏줄에서 용솟음치는 맥박을 느끼곤 한다..
신라 화랑은 전국의 명산대천을 찾아다니며 심신을 수련하고 국토에 대한 사랑을 키웠다.
아름다운 산야를 둘러보며 역사의 교훈을 배우고 선현들의 업적과 정신을 되새김으로써, 내 나라 내 땅에 대한 애정과 숭고한 의미를 깨닫게 하기 위함이다.

여행은 자신을 알고 자신의 존재를 확인하는데 더없이 좋은 방법이다.
나를 깨달을 때 우리도 자연히 밝혀지는 것이다.
여행을 즐겨하는 이의 마음속엔 고향과 조국을 아끼고 사랑하는 깊은 정성이 깃들어 있다,
그들의 발길 한 걸음마다엔 내 땅을 지키기 위한 구국일념이 스며있고, 그들의 말 한마디 한마디엔 내 나라를 찬양하는 노랫소리가 배어있다.
여행을 나서는 것은 개인적으로는 자기 발전이며, 국가와 사회를 위해서는 문화창달에 이바지하는 것이다.
내 나라 내 땅을 이해하기 위한 취재 조사 연구의 목적을 겸한 답사 여행은 사회적 공익에 보탬을 주는 것이다.

더욱이 종교적 차원으로 승화된 성스러운 의미의 국토 순례가 된다면 이것은 나라를 지탱하는 주인의식으로 직결되는 것이다.

코스모스를 노래함

달밝은 하늘 밑 어여쁜 네 얼굴
달나라 처녀가 너의 입맞추고
이슬에 목욕해 깨끗한 너의 몸
부드런 바람이 너를 껴안도다
코스모스 너는 가을의 새아씨
외로운 이 밤에 나의 친구로다

밤은 깊어가고 마음은 고요타
내 마음 더욱 더 적막하여지니
네 모양 더욱 더 처량하구나
고요한 이 밤을 너 같이 새려니
코스모스 너는 가을의 새아씨
외로운 이 밤에 나의 친구로다

소프라노 조수미의 목소리로 들어보면 템포가 빠르고 경쾌하여 마치 화창한 가을날 코스모스 활짝 피어있는 들판을 걸으며 꽃잎을 매만지는 듯한 느낌을 자아내게 한다.

이 가곡은 1932년 일제 강점기의 지어진 노래다.
작곡가 이흥렬 선생이 독일 유학을 포기하고 원산에 남아
광명학교에서 교사 생활을 하던 중에 이기순의 시에
곡을 붙였다가 후에 〈이흥렬 가곡집〉에 수록되어 널리 알려졌다.
이흥렬 선생은 〈봄이 오면〉 〈섬집 아기〉 〈바위고개〉 등의
주옥같은 작품들을 작곡한 훌륭한 음악가다.
서정적인 동요와 가곡을 널리 보급하여 민족 정서 함양에
힘썼으나, 일제 말의 친일 행적이 오점으로 남아
두고두고 아쉬움과 안타까움을 느끼게 하는 분이다.
숙명여대 음대학장과 대한민국예술원 회원을 지내시다
1980년 향년 71세로 돌아가셨으니 벌써 40여 년이 지났다.
작곡가는 이같이 뚜렷한데 비해 작사가에 대해서는
아무리 뒤져봐도 알려진 정보가 별로 없다.

몇 해 전에 있었던 일이다.
교과서편찬위원회로부터 도톰한 서류가 우편으로 왔다.
교과서에 수록된 시 작품에 대한 저작권료를 지불해야 하니
근거 서류를 준비해서 언제까지 보내달라는 내용이었다.
예기치 못한 편지에 놀라 무슨 작품인가 확인을 해보니
중학교 2학년 음악책에 이 가곡이 수록되어 있었다.
이흥렬 선생이 이 노래를 작곡한 시기가 1932년 23세 때.
작사가도 비슷한 연배의 인물로 보면 마땅할 것 같다.

대충 따져보아도 나보다는 4, 50년 빠른 분일 듯싶다.
이러한 내막을 알 리 없는 교과서편찬위원회에서는
문인들의 이름을 검색해 생존한 시인 중 '이기순'이란
이름이 한 사람뿐이니 오늘의 나에게 연락을 한 것이다.
동명이인同名異人의 나로서는 기분 나빠할 일은 아니로되
한편으로 황당하기 이를 데 없는 노릇이었다.
제출기한이 지났는데도 반응이 없으니까 재차 통지가 왔다.
그렇다고 근거를 조작해 내가 작사가라고 행세할 수는
없는 일이기에 작품에 대한 내력을 적어 보냈다.
코스모스 피는 계절이면 이 노래를 들어보게 되고
이름 덕분에 생긴 이같은 에피소드를 다시 떠올리곤 한다.
저작권이 사후 50년까지 보장되니 그분의 유족을 찾아
지급하면 좋으련만 그 또한 쉬운 일이 아닐 것 같다.

낭산浪山의 변辯

어려서부터 동산에 오르기를 좋아했고 숲 속을 헤집고
다니면서 산밤이며 머루나 다래 따는 것을
누구보다 좋아하고 또래들에 비해 잘했다.
엄마를 따라다니며 나물 뜯고 큰형님 뒤를 쫓아
버섯 따러 다니는 일이 좋았다.
열 살 정도 무렵 엄마와 함께 쌀을 등에 지고
고개를 넘고 산허리를 감돌며 절집으로
불공드리러 가던 그 산길이 그렇게도 포근했고
오래도록 추억의 영상으로 살아있다.
산골에서 나서 자란 탓인가 산은 늘 눈에서 마음에서
떠나지 않고 짭조름한 향수가 되어 나를 불렀다.
배낭 지고 나서면 일주일이고 열흘이고
산을 찾아 도는 일이 그냥 좋았다.
마을에서 보면 동쪽 박달산 위로 아침 해가 떠올랐고
그 너머 월악산 영봉 위로는 한아름 보름달이 솟았다.
그렇게 박달산과 월악산을 바라보면서 유년 시절의
동경심과 유랑심을 자극하며 한껏 키울 수 있었다.

그래 청년의 나이에 이르렀을 때 가장 먼저
찾은 산이 박달산과 월악산이었음은 물론이다.
작은 산이든 크고 높은 산이든 가릴 것 없이
그 품 안에 들면 그저 아늑하고 평안했다.
설악이고 한라며 지리 태백 같은
내 나라 내 땅의 명산을 찾아 헤맸고
고향을 더 알기 위해 어려서 올라보지 못했던
고향의 여러 산을 정신없이 쏘다녔다.
산악회와 어울려 가는 경우도 많았지만
아무래도 혼자서 산길 나그네로 흘러 다니는 게
마음 편하고 어디에도 구애받지 않아서 좋았다.
시끌시끌한 곳보다는 사람의 발길이 드문 외딴길이
산타령을 맘껏 흥얼댈 수도 있고 또 호젓해서 더 좋다.

낭산浪山 – 떠돌이의 산.
1980년대 초반, 조선일보 자매지 월간 '山'지에
'내 나라 내 땅' 제호로 인문학적인 관점에서
우리나라 산들에 얽힌 이야기를 연재한 바가 있다.
그때 편집 주간이신 김종환 선생님께서 지어주신
별칭인데 내 속성과 기질에 어울리는 것 같아
그대로 닉네임으로 사용하고 아호로 삼았다.
산은 내게 국토 지리를 익히기 위한 지침서였고

인문 지리와 역사를 공부하는 교과서였다.
이 땅에 태어난 숙명 하나로 내 나라 내 땅의
구석구석을 누비고 다녀야 했다.
발길에 스치는 풀 한 포기, 나무 한 그루, 돌멩이
하나까지도 내 것, 우리 것이고 보면
어느 것 하나 소중하지 않은 것이 없다.
하물며 반만년의 유구한 역사를 지닌 우리 국토
내 조국인데, 닿는 곳 모두가 유서 깊은 땅이요,
우리네 숨결이 깃들지 않은 곳이 어디 있겠는가.
허물어진 성터 깨진 기왓장에서 지난至難했던 역사를
회고하고, 대간 줄기의 기험한 봉우리에서는
성스러운 국토의 서기瑞氣에 감읍하기도 한다.
뿐이랴, 세월의 이끼가 덮인 비석들을 쓰다듬으며
선인들의 지혜를 배우고 온고지정을 나누기도 한다.
종일토록 능선을 가르며 하늘 구름을 치어다보고
한 마리 사슴으로 떠 흐르는 발길…
떠돌이의 산, 산골 나그네의 역마살은
한생을 짊어지고 가야 할 타고난 숙명이리니.

담임 선생님

우리는 초·중·고 12년 동안 학교에 다니면서
매년 담임선생님을 만나왔다.
새로운 담임을 만날 수도 있고, 간혹 학년을
함께 올라가며 연속으로 같은 선생님과 만날 수도 있다.
유년 시절은 인지능력이 제대로 성숙되지 못한 시기이기에
모든 수업과 학교생활을 전담하는 담임의 영향은
인격 형성이나 지능계발에 가히 절대적이라 할 수 있다.
담임이 마음에 들고 좋으면 생활도 즐겁고 긍정적일뿐더러
공부도 재미있고 성적도 양호한 결과를 나타나게 된다.
초등시절 우리 학교는 규모가 작아서 학년이 늘 30명 안팎,
그래 1학년 땐 교실 하나를 2학년 형들과 함께 사용했다.
담임 선생님도 물론 한 분이었는데, 내 우둔한 탓인가
1, 2학년 시절의 담임에 대해서는 기억에 남은 것이 별로 없다.
그러나 3학년 이후부터는 모든 선생님에 대한 기억이 명료하다.
특히 3학년 담임은 젊은 여자 선생님으로 처음으로 보는
안경 낀 모습이 아홉 살의 어린 눈에도 동화 속의 선녀처럼
참으로 우아하고 예쁘기 그지없는 모습이셨다.

성함은 장용기 선생님.
후에 알게 된 일이지만 사범학교를 갓 졸업하고
우리 학교로 첫 발령을 받으셨다 한다.
어찌 보면 우리 큰누나 쯤의 나이로 보이기도 했고
또 실제의 내 누나처럼 따뜻하고 포근하게 대해주셨다.
전 학년도 담임은 풍금을 켜지 못해 음악 시간이면
다른 선생님께서 들어오시곤 했는데
우리 담임 장용기 선생님은 풍금 연주도 능란하시고
목청 높여 노래 부르시는 목소리가 영락없는 꾀꼬리이셨다.
그래 우리는 신명나게 선생님을 따라 노래를 부르곤 했다.
나는 이러한 선생님을 무척 따르고 좋아했기에
매사 즐겁고 활기 넘치는 생활을 했다고 생각된다.

지난 연말 처음으로 선생님을 찾아뵈었다.
선생님의 동생이 고교 동창으로 지금은 LA에 있어
온라인을 통해 선생님의 안부와 전화번호를 확인했다.
고향에서 노년을 보내고 계신다고 하기에
미리 전화로 인사를 드리고 날짜를 약속드렸다.
설레는 마음으로 고속도로를 벗어나 증평을 지나면서
눈발이 날리기 시작하더니 모래재 고개를 넘을 땐
눈송이가 굵어지고 함박눈으로 펑펑 쏟아지는 것이었다.
소년 시절의 추억 속을 헤매느라 한껏 마음이 설레는데

흩날리는 눈보라마저 온 산야를 은세계로 덮어버린다.
눈길을 조심스럽게 괴산에 도착해 선생님 댁 앞에 이르니
손수 나오셔서 반가이 맞이해 주셨다.
실로 60년 만의 해후인데도 첫눈에 금방 알아볼 수 있었다.
세월의 흔적이 가득한 노老할머니의 모습이 아니고
옛날 그 온화하고 화사한 인상 그대로이셨다.
건강도 특별히 편찮으신 데 없이 괜찮다고 하신다.
연세 80의 스승과 초로初老의 제자 간에
겹겹이 쌓인 이야기는 반세기의 시공을 뛰어넘는다.
우리 집이 동네 초입이었고 형님이 한 학년 선배였다는 것까지
제자에 대한 기억이 너무도 또렷하고 정확하시었다.
그리고 우리 동기생 이름 하나하나를 모두 말씀하셨다.
어찌 그렇게 다 기억을 하시느냐고 물었더니
교직 첫해 담임인데 왜 그걸 잊겠느냐 하셨다.
챙겨갔던 초등 3학년 생활성적표와 상장을 보여드렸더니
감개무량한 표정을 지으시며 잠시 깊은 회억에 잠기신다.
누렇게 빛바랜 종이 위에 선생님의 반듯한 필체로 적으신
나에 대한 기록들은 내 개인의 소중한 역사적 자료물이다.
초등시절부터 대학까지 모든 성적표와 상장을 보관하고 있어
때로 그것들을 통해 내 성장 과정을 반추해 보곤 한다.
사부님께서는 요양원에 가 계시고 아드님이 곁에 있어
선생님께서 살던 집을 혼자 지키고 계신다 했다.

봄이 되면 다시 내려와 한 바퀴 바람이나 쐬어드려야겠다.

* 이 글은 2019년 5월 15일 스승의 날에 MBC라디오 '여성시대'에 방송되었다.

아리랑

어느 지인知人이 아리랑의 노랫말에 관해 물어왔다.
우리가 본래 심성 착한 민족인데 떠나는 임에 대해
심한 저주를 퍼붓는 것 아니냐는 내용이다.

나를 버리고 가시는 임은
십 리도 못 가서 발병 난다. (아리랑)

설운 임 보내옵나니
가시는 듯 돌아오소서 (고려가요 '가시리')

나 보기가 역겨워 가실 때에는
죽어도 아니 눈물 흘리우리다' (김소월 '진달래꽃')

이 세 편 이별가에서는 모두 임에 대한 원망이나 저주라기보다
역설적이고 반어적 어법의 은근한 사랑의 표현이다.
뒤따라가 붙잡고 애원하는 적극적 행동을 보이지 못하고

아픔을 혼자서 새김질하는 애이불비哀而不悲의
소극적이고 간접적인 모습이 우리네 전통적 사랑이었다.
발병이 나면 멀리 가지 못하고 내게로 다시 돌아올 수밖에
없을 것이라는 임에 대한 기다림과 하소연이라 할 수 있다.
우리 한민족의 대표적 민요이면서
대외적으로 우리 한국을 상징하는 노래 - 아리랑.
그 가락이 단순하고도 쉽기에 누구든 쉽게 따라 부를 수 있고
노랫말 또한 한민족 고유 정서인 정情과 한恨이
넘쳐흐르기에 우리들 가슴에 촉촉이 적셔 든다.
아리랑의 이런저런 다양한 연주곡들을 골라 듣노라면
가슴 속 저 밑바닥으로부터 애잔한 응어리가
소용돌이로 밀고 올라오는 것을 어찌할 수 없다.

그러면 '아리랑'의 유래와 어원이 어떻게 될까.
고려 왕조의 멸망과 함께
충신불사이군忠臣不事二君의 절의를
지키고 심심산골로 들어온「두문동72현杜門洞七十二賢」이
망국한을 노래하면서 비롯된 것이고 보면
아리랑의 연원을 600여 년으로 거슬러 오를 수 있다.
3대 아리랑인 정선아리랑 밀양아리랑 진도아리랑
모두에서 '아리아리' '쓰리쓰리' '아리랑' 등의
표현이 나타나는 바, 아리랑의 유래는 상당히

오래된 것으로 봐야 한다.
'아리랑' 그 어원을 살펴보면
박혁거세 김알지 등 난생설화의 '알卵'이라든가
한자어 '아리롱啞耳弄' 등, 다양한 설이 있는데
모두 근거가 희박한 견강부회의 주장들이다.
국어학적인 관점에서 유추해 보면
고려가요 청산별곡의 후렴인

'얄리얄리얄랑성 얄라리 얄라'이나,
아리랑의 **'아리랑 아리랑 아라리요'**에서 보듯

'ㄹ(유음流音)'과 'ㅇ(비음鼻音)'이 어우러지면
물이 흘러가듯 매끄럽고 아름다운 소리가 된다.
굴러가는 소리와 콧소리의 울림이 음악성을 더해주는 것이다.
모두가 후렴이란 점에서 어떤 의미 있는 언어가 아니고,
단지 노래의 효과를 위한 여흥구에 불과한 소리다.
'쓰리랑' 역시 '아리랑'의 댓구로 흥얼대는 여음이다.

민요는 지식 계층에서 시작된 노래가 아니고
기층민인 민초들의 일상에서 생활 감정을 자유롭게
부른 노래라는 점에서 대중적인 군중 의식이 깃들어 있다.
그러기에 아리랑은 우리 민족의 성정과 애환이

한 치의 여과없이 그대로 내포된 노래다.
1900년대 초 멕시코의 사탕수수밭으로 떠난 애니깽들이
고국에 대한 그리움 속에 불렀던 망향가이고
1937년 엄동설한에 소련 연해주에서 중앙아시아의
카자흐스탄, 우즈베키스탄 등지로 강제 이주한 고려인들이
망국민의 고통과 슬픔 속에 불렀던 겨레 혼이 담긴 노래다.
1926년 나운규가 제작한 영화 〈아리랑〉에서
주제가로 불리면서 더욱 멀리 퍼지기 시작한 것이다.
일제 암흑기에 조국 광복을 위해 만주 벌판을 헤매던
독립군들이 고통 속에 절규하며 불렀던 영혼의 노래,
역사의 회오리 속에서 면면히 명맥을 이어온
겨레의 노래, 아리랑 -
세계 각처 한민족 모두의 입에서 입으로
영원무궁 불리어질 우리 민족의 노래다.

단군신화의 의미

오늘의 한국인들은 국조 단군을 어떻게 보고 있을까.
막연한 신화 속의 인물로 보는 사람이 있는가 하면,
실존의 우리 민족 개조로 믿고 있는 사람도 많다.
일제 치하에서는 정사正史를 다룬 최고의 사서史書
『삼국사기』에 단군 신화에 대한 기록이 없다 하여,
우리의 건국 신화를 부정하는 능멸까지 당했으니,
오늘에 어찌 민족적 자각이 필요치 않으랴.
어느 나라 역사나 상고 시대에 이르면
개국 신화라는 베일에 가려 있게 마련이다.
신화에는 그 시대의 관념이나 사회상이 깊이 스며 있어
이것을 민족적 입장에서 재조명해야 하는 것이지,
과학적 시각에 입각하여 가치 없는 것으로 보거나
실존 인물 여하를 따진다는 것은 무모한 노릇이다.
단군에 대한 관심은 시대에 따라 농담濃淡이 다르고,
현재에 이르러서도 치열한 논쟁거리로 대두되고 있는 형편이다.
단군 신화 기록이 나오는 고문헌으로는 고려 시대의
『삼국유사三國遺事』와 『제왕운기帝王韻紀』가 있고,

조선 시대에 들어와 권남權擥의 『응제시주應製詩註』와
『세종실록지리지世宗實錄地理誌』가 있다.
그중 최고最古의 문헌은 양대 역사서의 하나인 『삼국유사』다.
"옛날에 환인桓因 서자 환웅桓雄이 있어,
천하에 뜻을 두어 세상 사람 다스리기를 탐하는지라,
천부인天符印 세 개를 주어 천하에 내려보내며
홍익인간으로서 다스리게 하였다.
그리하여 환웅은 무리 3천을 거느리고 태백산太白山 마루턱
신단수 아래 내려오니, 이곳을 신시神市라고 한다.
환웅을 천왕이라 하여 풍백風伯·우사雨師·운사雲師를
거느리고 360여 가지를 베풀어 인간 세계를 다스렸다.
그 후, 호랑이와 곰 가운데 쑥을 먹고 37일 만에 여자로 변한
웅녀熊女와 결혼하여 아들을 낳으니 이가 곧 단군왕검이다.
단군은 도읍을 평양성에 정하고,
나라 이름을 '아사달(조선)'이라 하였다."

육당 최남선은 『불함문화론不咸文化論』에 의하면
단군은 제정일치 시대에 제사와 정치의 양권을 겸한 군장君長의
의미이고, 왕검은 제정 분리 후 정치적 군장이란 뜻으로
단군왕검은 제장과 군장을 합한 총칭이 된다.
단군에 대한 표기가 『삼국유사』엔 '檀君'으로,
『제왕운기』와 『세종실록지리지』엔 '壇君'으로 기록되어

있는바, '壇' 제주의 의미로써 쓰인 것으로 짐작되어,
마땅히 '檀'으로 사용함이 건국이념이나 국호로 보아
개국시조開國始祖에 대한 바른 쓰임이다.
'檀'은 밝달나무의 '밝다' 어의인즉 광명을 숭상하는
우리 민족의 근간 정신이고 상징이 되는 글자다.
배달민족의 어원 역시 '밝'은 '밝음, 광명 희망'의 의미이고
'달'은 양달 응달에서 보듯 '땅'의 의미다.
'밝달 > 배달'의 음운 변화에서 비롯된 것임에 '배달'은
'광명과 희망의 땅'으로, 아침 해가 솟는 나라 '아사달'이 된다.
아사달의 한자 표기가 '조선朝鮮'으로 이것이 곧
고요한 아침의 나라가 된다.
우리 민족의 국목國木을 정한다면 이 같은 논리에서
박달나무로 해야 한다는 것이 나의 소견이다.

우리 민족은 역사상 국난을 당할 때마다 단군을 정신적
지주로 삼고 외세에 대처해 나라를 지켜왔다.
일연一然이 삼국유사에서 처음 기록화한 것도 혼탁한
고려 말의 세태 속에서 민족의 정통성과 구심점을 찾고자
함에 목적을 두었고, 세종 역시 민족의식의 고취가 필요함을
느껴 왕명으로 평양에 단군사檀君祠를 두었다.
일제 치하의 독립운동, 특히 만주 독립군들에겐
단군 신앙이 절대적 힘이 되기도 했다.

예부터 구월산九月山엔 환인·환웅 단군을 봉사하는
삼성당三聖堂이 있어 왔고, 태백산 천제단天祭壇과
강화 마리산 참성단塹星壇에서 단군에 대한 제를
올리는 것도 단군의 건국이념인 홍익인간 정신을
민족 주체사상의 뿌리로 삼자는데 근거를 둔 것이다.
태백산 천제단의 「한배검」표기는 대종교大宗敎에서
국조 단군을 높여 부르는 말이다.
신사神社가 일본의 개국시조 천조대신天照大神과
역사적 영웅들을 받드는 곳으로 그네들의 정신적 구심점이며
강력한 힘의 원천이라는 것을 누구도 부인하지 않는다.
건국 신화는 어느 나라에서나 국가의 정통성 확립과
국민 단결을 위한 핵심 요체가 된다..
우리 고유의 사상 정립은 물론 민족의 일체 단결을 위해서도
단군 숭앙을 뿌리 찾기 운동 차원으로 전개해야 할 때다.
이제 우리가 국조 단군을 섬긴다는 것은
종교를 초월한 국민의 도리다.

우리 동네 지명들

양재천을 걷다 보면 탄천과 만나는 지점에
탄천炭川에 대한 유래를 적은 안내판이 있다.
『먼 옛날 한 사람이 이 근처에서 숯炭을 씻는데.
마침 그곳을 지나가던 삼천갑자 동방삭東方朔이 …
이때부터 탄천, 우리말로는 숯내라고 불렀다고 한다.』
전설은 후세에 흥미 중심으로 그럴듯하게 끌어다 붙인
이야기로 일종의 '민간어원설'에 따른 설명인 것이다.
인명이나 지명은 한자 전래 이전엔 모두가 순수 고유어로 쓰였다.
그러다가 삼국 초기 한자가 유입되면서 음과 훈을 빌어
이두식 한자어로 기록된 것들이 대부분이다.
후에 한자로 된 말을 다시 우리말로 환언하는 과정에서
본래의 어원과 동떨어진 기발한 말로 바뀌는 현상이 나타난다.
탄천은 '숯' 탄炭이 아니라 '여울' 탄灘으로
굳이 우리말로 풀어쓰려면 '여울+내 > 여우내'라 해야지
'숯내'로 부르는 것은 부끄러운 노릇이다.
'여울+내>灘川>炭川 >숯내로 오류의 과정을 거친 것이다.
〈灘川〉과 〈炭川〉의 구분은 다음과 같이 설명이 가능하다.

첫째, 전설을 이유로 〈炭川〉으로 주장하여 굳이 '숯'이라는
특정의 의미를 첨가해 부르는 것은 좀 작위적 느낌으로,
우리말을 억지로 한자 표기하려는
식자우환의 결과로 보아야 한다.
'마리(머리)+산>마니산, 비롯(비로)+봉>비로봉,
까막+산>감악산' 등이 이와 똑같은 예다.
둘째, 고유어의 지명은 특정인이 명명하기보다 주민들에 의해서
부지불식간에 자연스럽게 이루어진다는 점이다.
'탄천'은'여울+내'의 복합어로 같은 뜻이 겹쳐진 동음첩어다.
'청+계溪+천川'도 같은 동음첩어인 경우다.
'여울灘은 물 깊이가 얕거나 폭이 좁아
물살이 빠르고 세찬 곳을 의미하지만,
여울은 '현해탄'처럼 바다에도 쓰이고,
'한탄강', '신탄진', 동강의 '미탄' 등에서처럼
내륙의 강이나 그 지류에도 두루 쓰였다.
그 개념을 물리적으로 명확하게 선을 긋기는 곤란하지만,
크기나 폭의 규모로 보아
'강> 여울> 시내> 개울> 도랑'의 순서로 구분할 수 있다.
탄천의 한 지점에도 '학여울'처럼 여울이란 단어가 쓰였다.
셋째, 대동여지도와 동국여지승람에도
'炭川'으로 기록되어 있는데
이 기록들은 조선 후기 근래의 것들이다.

지명의 유래나 어원을 어학적 입장에서 고찰한 음운서가 아니요,
단순히 당시 부르던 대로 정리한
인문지리서나 지도에 지나지 않는다.
그 기록을 어휘 변화의 근거로 삼는 것은 오해이며 오류다.

이외에도 우리 동네 주변의 지명들을 살펴보면
잘못 굳어진 이름들이 더러 보인다.
'잠실' '도곡동' 등이 그 예다.
'잠실'을 한자 '蠶室'로 적고. 이를 고유어 '누에실'로
부르는 것은 크게 잘못된 표기다.
잠(잠기다) + 실(골. 마을)의 의미로, 한강변에 위치해
큰물이 나면 마을이 물에 잠기기 일쑤이기에 붙여진 이름이다.
'잠실' 자체가 고유어이니 그대로사용하는 게 바른말이다.
'도곡동'의 본래 지명은 독짓는 마을 '독쟁이골'로
한자로 표기하려면 '道谷洞'이 아니라
'陶(도자기)'를 써서 '陶谷洞'이라 해야 맞는 표기다.

언어의 주체성

말은 생각과 느낌을 외형적으로 나타내는 표현 수단이다. 말에는 화자話者의 지적 수준, 사고의 방향, 교양과 인품 등, 모든 내적 요소가 총체적으로 드러나는 것이다. 바른 말 고운 말을 쓰게 되면 그와 비례하여 생각과 행동도 품위 있고 진중하게 마련이며, 비속어 은어를 많이 쓰면 그의 일거수일투족도 경거망동하게 됨은 당연한 논리다. 요즘 정치권에서 막말이 넘쳐나는 것은 우리 정치인 중에 함량 미달의 저품질 인격자가 적지 않다는 얘기가 된다. 개인의 품격이나 국민으로서 자존감을 위해서도 바르고 정확한 말을 사용해야 함에도 불구하고 온당치 못한 용어들이 일상에 흔히 쓰이고 있어 이를 경계하고자 몇 가지 예를 살펴보는 것이다.

하나, '저희 나라'와 '우리나라'의 경우다. 방송에서 그럴듯한 분들이 간혹 실수하여 진행자가 슬쩍 바로잡아 주는 모습을 심심찮게 볼 수 있다. 모두가 잘 알듯이 '저희'는 '우리'의 겸양어다.

'저희 집' '저희 학교' '저희 회사'처럼 자신과 소속이
다른 상대방에게 '나의 것'들을 일컬을 때
겸손의 의미로 '저희'를 쓸 수 있다.
그러나 국가는 낮춤이나 겸양의 대상이 아니다.
과공비례過恭非禮라 하지 않던가.
내국인끼리거나 외국인을 상대하거나 마땅히
'우리나라'로 표현하는 것이 자주적 국민의 자세다.

둘, '조선'과 '이조'를 혼동하는 경우다.
조선朝鮮은 태조 이성계가 건국한 역사상 정통 국가이고
'이조李朝'는 일제가 우리를 폄하하여 부른 명칭이다.
이씨 집안의 하찮은 부족국가라는 의미로
식민사관의 시각에서 그럴듯하게 비하시킨 용어다.
신라를 '김씨왕조', 고려를 '왕씨왕조'라고 부르는 것과 같다.
지식인들조차 '이조실록' '이조백자' '이조 시대'라고
스스럼없이 사용하는 것은 심하게 말하면 식민지
백성의 노예근성에서 비롯된 자학적 자세일 뿐이다.
마땅히 '조선왕조실록' '조선백자' '조선 시대'로
부르는 것이 자주독립국가 국민의 올바른 도리다.

셋, '명성황후'와 '민비'의 혼용 문제다.
고종황제의 배우자는 엄연히 '명성황후'다.

고종황제가 국호를 대한제국으로 선포하였기에
왕후王后(后)가 아니라 황후皇后다.
'민비閔妃'는 '민씨 성의 왕비'라는 의미로
일제의 통치 논리에 따른 호칭일 뿐이다.
일본의 낭인들에 의해 시해를 당한 것도 원통한데
우리 스스로 격을 낮춰 부르는 것은 도리가 아니다.
역으로 일본의 왕은 '일왕日王'으로 칭하면 되고
'천황天皇'은 일본인들이 극존칭으로 쓰는 말이다.

넷, '광복'과 '해방'의 구분이다.
'광복光復'은 우리가 주체가 되어 독립을 쟁취했다는
뜻으로, 오천 년 유구한 역사와 선열들의 뜨거운 피땀이
내포된 자주적 능동적 적극적 용어다.
이에 반해 '해방解放'은 타인의 힘에 의해 속박에서
풀려났다는 수동적이고 소극적인 의미가 된다.
8·15는 어디까지나 광복절이지 해방절이 아닌 이유다.

우리 소리

혼자만의 한가하고 무료한 시간이 주어질 때면
조용히 눈을 감고 휴식을 취하며
우리 음악의 이 소리 저 소리들을 즐겨 듣는다.
「우리 음악」이라 함은 전통 국악만을 지칭하는 것이 아니라
오늘날의 가요에 이르기까지 한국적 정서와 숨결이
깃들어 있는 모든 가락을 통틀어 가리키는 의미다.
예전에야 음반이나 음악 테이프가 있어야 했지만
지금은 유튜브(YouTube)란 게 있어 소리든 가락이든
마음대로 골라 들을 수 있어 마냥 귀를 즐기며
행복감에 휩싸이는 복록도 누릴 수 있다.
그동안 귓가에서 웅얼거리고 입으로만 읊조리던
소리들을 참으로 맘껏 감상할 수 있었다.
'아리랑'은 물론 우리네 이웃 보통의 기층민들이
부르는 전통 민요 가락도 좋고,
사물놀이와 풍물패의 농악에서부터 현대 음악인으로
분류되는 장사익과 김영동에 이르기까지
그동안 마음속에 담아두었던 우리 소리에

내 정신과 영혼을 실컷 취하고 녹일 수 있었다.
끊어질 듯 이어지며 구성진 가락으로 한을 우려내는
김영임 명창의 멋들어진 음률은 우리 소리의 절창이요,
젓대笛대 하나로 일생을 살아오신 이생강 선생의
애잔한 대금 연주 선율 -
명인의 소리가 바로 이런 것인가.
'황성옛터'의 회고지정에 잠겨 허물어진 성터
메마른 풀밭을 걸으며 세월의 흔적을 더듬는
나그네의 발길이 깊은 곳 심층 바닥까지
소용돌이로 흔들어댄다.
'한 오백 년'은 어떠하고 '정선 아리랑'의
유장한 울림은 또 어떠하던가.

올해 들어와 혜성처럼 나타나 세상 사람들의
인기를 독점하고 있는 가수 송가인.
그녀의 노래 속엔 흥이 넘쳐흐르고
또한 한국적인 정서와 애환이 절절히 묻어나면서
남녀노소 모든 이들의 심금을 사로잡는 마력이 느껴진다.
흘러간 옛 가요든 현대가요든 한 치의 주저없이
불러대는 무소불위 가창력도 특출하고 훌륭하지만,
소리의 고장 진도에서 태어나 어려서부터 우리 소리에
젖어 살았고 또한 오랫동안 국악을 공부한 덕분에

그녀의 목소리엔 한국인의 영혼이 녹아 있다.
남도 씻김굿의 명인 그녀 어머니 송순단 여사의
공연 장면을 보노라면 무가巫歌에서 볼 수 있는
민초들의 운명관運命觀이 짙게 드러난다.
민초들은 삶의 애환도 죽음의 슬픔도
소리로 넘기고 노래로 승화시켰다.
송가인의 노래엔 어머니가 부르는 씻김굿의
한恨의 정서가 밑바닥에 짙게 배어 있다.
그런 그녀의 목소리와 가락이 잠들어 있던
중년 한국인들의 전통적 정서를 흔들어 깨우면서
송가인 그 이름을 일약 스타덤에 올려놓은 것이다.

양시론적 시각과 안목

종교나 이념의 중독성이 마약보다도 강하다고들 합니다.
작금의 우리 사회에서 한 번쯤 되새겨 볼 만한 표현인 듯싶습니다.
내가 싫으면 모두를 절대 부정하는 극단적 이분법 논리가
횡행하면서 우리 사회를 반목과 대립으로 몰아가고 있습니다.
민족의 대동 화합을 어렵게 만드는 요인이 되고 있는 것이지요.
하긴 일본강점기가 근대화의 전기를 마련해 주었다면서
친일을 정당화하기에 억지를 서슴지 않는 이도 있었습니다.
역사적 인물 평가에서도 극단적인 호불호의 편견을 보게 됩니다.
현대사에서의 용호상박 두 인물-박정희와 김대중.
박정희는 5천 년 가난을 해결한 역사적 위인입니다.
김대중 또한 한국의 민주주의를 정립한 세기적 인물이지요.
인물이든 역사든 정당한 평가는 색깔론, 지역 정서를 탈피할 때
객관적 안목이 생기고, 그래 본래의 참모습을 볼 수 있지요.
한쪽 눈으로 본 것을 우겨대지 말고, 싫더라도 여러 각도에서
투영하려는 노력을 기울일 때 올바른 시각이 생기게 마련이지요.
내 주장도 옳지만, 상대방의 주장도 타당하다는 양시론의 안목이
지금의 한국 사회에서 매우 필요하다는 생각입니다.

박정희에 대한 평가도, 김대중에 대한 평가도
긍정적인 분야를 거론할 때 우리 민족의 장점으로 부각됩니다.
박정희의 경제 성장과 가난 퇴치, 김대중의 민주화와 노벨상 수상은
두 분 모두 역사의 위인이 되기에 조금의 손색도 없습니다.
혹자는 노벨상을 돈 주고 사 왔다고 말하더라만,
이것은 자기 부정과 자기 비하의 부끄러운 험담에 불과합니다.
올림픽, 월드컵, 노벨상-
가만히 앉아있는 자에게 절대로 기회를 안겨주지는 않지요.
이들을 유치하고 획득하기 위해서는 물론 그만한 자격과 능력을
갖추어야 하고, 또한 막대한 외교력과 자금이 따라야 가능합니다.
내 나라가 올림픽 월드컵을 유치하고, 우리 국민 누구든 노벨상을
받았다면, 그것은 국가와 민족 모두의 영예이고 축복입니다.
그것들이 가져다주는 국가의 명예와 위상은
엄청난 상승효과를 가져올 것임이 틀림없습니다.
노벨상 수상은 박수를 치고 축하할 일이지
이를 백안시하거나 허물한다면 우리 스스로 국가의 격과
자존을 스스로 훼손하는 결과가 됩니다.

모든 일을 흑과 백. 시是와 비非로 구분하지 말고
나는 선善이요, 너는 악惡이라는 배타적 독선을 벗어나면
사회 통합과 조화가 가능하고 분단 문제도 실마리가 잡힐 겁니다.
나와 다른 생각 다른 주장을 하면 좌파니, 우파니

서로를 치열하게 매도하는 우리의 모습-
꼴통보수니, 친북좌파니 하는 극단적인 용어를 쓰다 보면
스스로의 말에 자신이 극단주의로 물들게 됩니다.
우리는 자본주의도 사회주의도 정확히 알지 못합니다.
그것들에 대해 관심을 가지고 공부한 적도 배운 적도 없습니다.
남들이 하도 떠들어대니까 피상적으로 아는 체할 뿐이지
이념과 체제의 속성에 대해 아는 바가 별로 없습니다.
사회주의 종주국 소련이 붕괴되고 중국 베트남도 자본주의
경제 이론을 수용하여 상당한 경제 발전을 이루었습니다.
사회주의 제도는 실험 결과 이미 실패한 이론이지요.
반공反共은 대립 상태에서 쓰는 용어일 뿐이고
승공勝共은 체재 경쟁에서 이겼을 때 사용하는 단어입니다.
이젠 반공을 넘어 승공에 이르렀지요.
남남갈등을 야기시키는 과격한 말은 서로 자제합시다.

양성평등에 대한 시비

우리 사회가 여성 운동이 활발하게 전개되면서
여성의 권익 신장을 위한 요구가 강화되고, 여성의 사회적
위상이 크게 향상되고 있는 점은 바람직한 일이다.
그에 따라 우리 일상 용어에도 많은 변화가 진행되고 있다.
언제부터인가 일선 교육 현장에서는 '남녀평등'이 아니라
'양성평등'이라 해야 하고, '남자답다'라거나 '여자답다'라는
표현은 성차별적 용어라 해서 사용해서는 안 된다.
물론 '현모양처'라는 말도 함부로 써서는 안 된다.
우리가 일상적으로 사용해 온 이런 단어들이 부지불식간에
성性을 차별하여 그릇된 인식을 심어주게 된다는 것이다.
과거 고등학교의 실업 과목이 남학생의 경우
기술과목에다 공업이나 상업 등을 선택하였고
여학생은 가정과 가사 과목을 배우는 것이 일반적이었다.
사회적 관습에 따라 남녀의 역할이 구분되고 성별에 따른
차등 교육의 필요성이 오랫동안 유지되어 왔던 것이다.
그러던 것이 요즘의 교육과정은 이 같은 남녀 학생의
구분이 무시되고 공통과목으로 일원화되었다.

남학생도 가정과 가사를 배워야 하고
여학생 역시 기술과 공업 등을 공부해야 한다.
학과목을 나누는 것이 어려서부터 여성에 대한 편견과
차별의식을 은연중 강화시키게 된다는 것이다.
양성평등에 위배된다는 여성계의 주장이 전통적으로
내려오던 교육 과정까지 일거에 바꾸어 놓은 것이다.

전에 공무원 임용시험에 병역을 마친 남성에게
약간의 가산점을 주던 일이 있었고 교육대학에
남학생을 일정 비율로 합격시키던 때가 있었다.
그러나 여성단체가 여성에 차별적 제도라고
헌법소원을 제기해 위헌결정을 받아냈다.
병역미필 남성에 반한 최소한의 예우 차원인데
뜻밖에 여성 단체의 강력한 저항에 부딪히게 된 것이다.
교육대학 입학에서도 남학생의 비율이 10%가 못 되면서
초등학교 중학교에서는 남자 선생님들의 절대 부족 현상이
나타나고, 운동회나 야영 행사 등도 점점 사라지고 있다.
초등 6년 동안 남자 담임을 만나는 경우가 대부분
한두 번이고, 한 번도 못 만난 경우도 적지 않았다.
가정에서도 아버지 역할 어머니 역할이 따로 있고
양쪽의 역할이 조화를 이룰 때 원만한 가정이 형성된다.
아이들의 여성화 현상이 우려되는 것을 기우杞憂로

치부해 버릴 수만은 없는 일이 아니겠는가.

나는 '동물의 세계' 프로그램을 자주 보는 편이다.

동물의 일반적 생태를 보더라도 대체로 출산과 양육은 암컷의 역할이고, 먹이를 구해 오거나 외부의 적으로부터 집단의 안전을 책임지는 등의 바깥 활동은 수컷이 맡는 경우가 많다.

이것은 성을 차별하기 위한 의도적인 '행위'라기보다 성에 따른 '역할 분담'이며 생존을 위한 효율적 수단이다.

이러한 제도는 조물주의 뜻이며 자연계의 섭리다.

장돌뱅이의 향수 · 1

나는 어려서부터 장에 가는 것을 유달리 좋아했다.
장날이면 공연히 학교 공부도 제대로 되질 않고,
종일 마음이 장터에 나가 있곤 했다.
학교가 끝나면 아버지 장마중을 나가야 했다.
안팎 이십 리나 되는 큰 고개를 넘어야 하는 산길이었기에
대부분은 고개쯤에서 아버지를 만나 짐을 받아
등에 지고 오기가 일쑤였다.
그러다가 중학교 시절은 읍내로 다녀야 했기에,
장날만 되면 아침부터 신명이 났다.
학교가 파하기 무섭게 괴산장터로 나와 골목마다 헤집고 다녔다.
향교말로 가는 싸전 골목엔 언제나 코주부 약장수가 있었고,
역말다리 아래 개천가엔 쇠전이 있었다.
내가 자주 찾아가는 곳은 거의 이 두 군데였다.
피에로 차림의 약장수는 등에는 북을 지고 가슴엔 아코디언을
메고 '황성옛터'나 '타향살이' 가락을 구성지게 연주했다.
약 광고야 별로 알아듣지 못했지만, 애잔하게 흐르는
손풍금의 선율과 때로 울먹이듯 주절대는 악사의 대사는

어린 가슴에도 뭉클하게 와닿곤 했다.
맨 앞줄에 쪼그리고 앉아 시간 가는 줄 모르고 거리의 악사와 마음을 주고받다 보면 아버지를 찾는 일조차 까맣게 잊어버린 채 파장을 맞기도 했다.
쇠전 근처엔 국밥집과 좌판 떡집이 늘어서 있어, 아버지와의 약속을 늘 그리로 했다. 멸치를 우려낸 국물에 대추를 넣은 찰떡 한 조각을 얻어먹고는, 으레 장보따리를 받아 등짐을 지고 날 저무는 고갯길을 넘어오곤 했다.
중학교 시절 읍내에 나가 보면 아이스케키 통을 메고 다니는 아이들이 그렇게 부러울 수가 없었다.
그래 여름방학 때 얼음장사를 한번 해보리라 아이스케키 공장을 찾아갔다.
그러나 촌놈들은 집이 멀어서 안 되고 읍내 사는 아이들이나 가능하다며 문전박대를 당한 적도 있었다.
고등학생이 되어서는 이효석의 '메밀꽃 필 무렵'의 장돌뱅이 허생원과 김동리의 '역마'에서역마살이의 운명을 타고난 젊은 청년 성기처럼 장돌뱅이로 떠돌아 보리라 마음먹기도 했다.
그래 그 작품의 무대인 봉평장과 섬진강변의 화개장터를 자주 찾는 편이다.
그저 길 따라 발 따라 산 찾아 물 찾아 내 나라 내 땅 구석구석을 흘러 다니는 떠돌이의 숙명은 나의 아호 '낭산浪山'이 되었다.

장돌뱅이의 향수 · 2

쉬는 날이면 가끔 교외의 장터를 찾아간다.
닷새씩 돌아가며 서는 장이니, 경기도만 해도
단 하루 어느 날도 장이 서지 않는 날이 없다.
그런 만큼 마땅히 갈 곳이 없어 망설이는 일은 없다.
1일과 6일은 양수리, 설악, 지평 장이고
다음날은 이천, 청평, 강화, 김포 장날이며,
또 그다음날은 통진, 이동 장이고,
다시 4, 9일은 성남의 모란과 전곡, 광릉내,
그리고 5, 10일은 가평, 용인, 평택에 장이 서는 날이다.
이렇게 경기도는 물론이고, 충청 강원 지역까지
다녀올 만한 곳은 모두 날짜를 적어두었다가 아무 때고
배낭 하나 걸머지고 나서기만 하면 되는 것이다.
딱히 꼭 필요한 물건이 있어서도 아니요, 그저 멀리
나서보는 설렘과 때로 장돌뱅이 기분에 젖어보고
싶어서 시골장터 곳곳을 휘젓고 다녀보는 것이다.
오늘날이야 웬만한 읍 정도에도 큼지막한 유통센터가
한두 곳쯤은 있고, 갖가지 질 좋은 상품이 산같이

쌓여 있어 말 그대로 없는 게 없다.
뿐만 아니라 편리한 교통 덕분에 아무 데고
금방 후딱 다녀올 수도 있다.
그러나 물질의 풍요와 육신의 편리만이 능사는
아니지 않은가. 진열대에 쌓여있는 규격화 된 상품에서는
왠지 사람의 냄새도, 따뜻한 인정과 손때도 느낄 수가 없다.
정찰가대로 계산대에 대기만 하면 물건값이 수치로
나타나는 거래보다는, 장터 골목 입구에 채소나 곡물
몇 가지를 올망졸망 펼쳐놓고 행인을 기다리는
할머니와의 흥정에서 살아가는 맛을 느낄 수 있다.
이른바 '쇼핑'보다는 '장보기'의 여유로움이 좋은 것이다.
산업이 발달하고 교통이 원활해지면서 세월과 함께
장터의 규모도 자꾸 작아지고 장꾼들의 흥청거림도
이제는 옛날 같지는 않지만, 그래도 '장터'라는 단어가 주는
이미지와 느낌은 오래도록 마음속에 간직하고 싶어진다.
장터에 가면 내 유년 시절의 동심과 추억이 있고,
고향에의 향수도, 떠돌이의 유랑과 동경도 함께
느낄 수 있기에 그저 마음이 푸근해진다.

이른 봄날 포천 장날이다.
다스한 기운이 온 대지를 포근히 감싸고
살랑이는 봄바람이 옷소매를 간지럽히는데

아지랑이 속으로 한 바퀴 휘돌아야겠다는 충동이 일었다.
장돌뱅이의 역마살이 도진 것이다.
고향에서 가져온 들깨로 기름도 짜고,
항아리 뚜껑도 하나 샀다.
장터 한쪽 모퉁이 할머니의 바구니에 냉이가 가득했다.
재배한 것은 잎만 무성하고 향이 별로 없는데
직접 캐오셨다는 말씀대로 뿌리가 실하고 향도 진했다.
봄나물의 첫째는 냉이가 아닌가.
된장찌개도 된장국도 다 좋고 살짝 데쳐 무친 냉이나물은
향기도 좋거니와 대지의 새 기운을 입안에 가득 불어넣어 준다.
장터를 돌며 주섬주섬 사들이는 재미는
장돌뱅이만이 느낄 수 있는 삶의 행복이다.
자잘한 것들은 가게보다는 노점상이나 인근 농촌에서
등짐 지고 나온 이들을 이용한다. 값을 굳이 깎지 않아도
도회의 시장보다 훨씬 싸기도 하려니와, 한 줌씩 덤으로
얹어주는 넉넉한 인정미가 얼마나 훈훈하고 고마운가.
그들과 얘기를 나누다 보면 그렇게 마음이 편안하고
푸근할 수가 없다. 광주리나 보따리에 담아온 물건들은
그들의 심성만큼이나 작고 소박하다.
그걸 팔아 큰돈을 만져보겠다는 무리한 욕심은 애초부터
부리지 않는다. 그저 차비와 용돈 푼이나 얻어 쓰고,
좀 더 나으면 살림살이에 보탬이나 하겠다는 정도의

조막만 한 소망이 있을 뿐이다. 그들에게선 이름 없는
민초들의 안분지족의 삶을 느낄 수 있다.
내 아버지 어머니의 삶이 그러했고, 내 형제와
누이들의 살아가는 모습도 이러했다.
온종일 장터를 떠도는 나 자신도 심성 고운
저 장꾼들처럼 그렇게 살고 싶은 것이다.

노년의 수학여행

살다 보니 세월이 참으로 많이 흘렀다.

고등학교를 졸업한 지 벌써 50년.

그래 지난 2월 동기생 부부 300여 명이 호텔에서

모임을 가졌고, 후속 행사로 역시 부부 동행 130여 명이

5박 일정으로 인도네시아의 자카르타와 발리를 다녀왔다.

고교 시절 제주도 수학여행을 주머니 사정으로 못 따라갔는데

초로의 나이에 여러 동기생과 떠난다는 것은

모든 친구와 더불어 유복한 노릇임이 틀림없다.

그 많은 인원이 다녀올 수 있었던 것은 자카르타에서 사업을

크게 하고 있는 동기생 친구의 초청이 있었기에 가능했다.

항공료 60만 원은 개인들이 부담하고 인도네시아 체류에 따른

모든 비용은 그 친구가 모두 제공을 해주었다.

잠깐 동기생 친구를 간단히 소개해도 좋으리라.

인도네시아에서 프라타마(PRATAMA) 그룹을 경영하는

서영률 회장은 평생 주변 이웃들을 위해 많은 도움을 주고 있다.

자신의 초중고 모교는 물론 대학에까지 오랫동안

끊임없이 지원을 해주는 인정 많고 통이 큰 친구다.

우리 동창들이 봄가을로 행하는 답사 행사의 비용도
처음 시작부터 10년이 훨씬 넘도록 지원해 주고 있고
고려대 경영대에도 3억, 1억씩 장학금을 보내주기도 했다.
9년 전에도 몇 명이 초청받아 다녀온 적이 있기에
내 개인으로서는 두 번째 인도네시아 여행이다.
전에는 제1공장을 둘러보고 이번엔 제2공장을 견학했다.
나이키 신발을 주로 생산하는 제2공장은 코끼리 열차가
운행하고 있을 정도이니 그 규모를 가히 알만하다.
직원이 총합 42,000여 명이라 하니, 그 가족을 합치면
인도네시아 백성 10만 명 이상을 먹여 살리는 셈이다.
직원 자녀들을 위해 학교도 운영하고 있어
인니 정부에서도 많은 배려와 예우를 해주는 모양이다.
이것이 곧 민간외교이고 국위선양이 아니겠는가.

인도네시아와 우리 한국은 가까운 선린 우방국으로 양국이
서로 3만여 명이 넘는 많은 인구가 체류하고 있다.
개발도상국을 넘어서고 있는 인도네시아의 국민 1인당 소득이
3,400달러 정도로 우리의 1/8 수준인데 극심한 빈부 차이로
일반 소시민의 삶의 질은 그리 여유롭게 보이지 않는다.
그러나 거대한 영토와 세계 4위의 2억4천 인구는
풍부한 천연자원과 함께 그 나라의 막강한 잠재력이다.
자카르타를 벗어나면 도로 사정이 빈약해 교통 정체가 극심해

도로 중앙선을 넘나드는 무질서(?)한 모습이 흔히 띄지만
경적을 울리는 일 없이 양보하고 기다려주는 느긋한 모습에서
그들의 여유롭고 양보할 줄 아는 삶의 자세가
내게는 긍정적인 느낌으로 다가오기도 한다.

여행은 새로운 대상에 대한 탐색이고 새로운 체험학습이다.
그리고 여행은 아는 것만큼 보이는 법이다.
사전에 자료들을 모으고 예비지식을 준비해 가면 주마간산의
눈요기로 끝나지 않고 하나하나 주의 깊게 챙겨보게 되어
여행지에 대한 많은 정보를 얻고 배우게 된다.
가이드 곁을 바짝 달라붙어 한 마디의 설명도 놓치지 않고
귀에 담아야 하는 것은 물론 그 나라의 문화나 관습 제도 등
궁금 사항을 질문도 해가다 보면 여행의 즐거움이 배가될 수 있다.
이름마저 소중하고 정다운 동창 친구들이여,
앳된 청소년기의 순수하고 소박한 우정으로
우리의 슬로건처럼 '50년 친구야 100년을 함께 가자'

발리에서 온 편지

지난 2010년 초에 인도네시아 발리를 다녀온 적이 있다.
4박 5일 여행을 하는 동안 꼬박 우리를 안내해 주던 가이드는
20대 주부로 그 이름은 노바얀띠-
제 나라 수도인 쟈카르타도 못 가보았다니
그야말로 비행기 한번 못 타고 섬 밖을 벗어나 보지 못한
순수 발리 토박이였다.
그런데도 한국어 실력이 상당한 수준급이다.
학원에서 배웠다고 하지만 발음상의 어색함을 제외하면
어휘 구사 능력은 조금도 흠잡을 만한 곳이 없을 정도였다.
나름대로 한국에 대해서 열심히 공부를 한다면서
가장 어려운 것이 속담이라고 했다.
하긴 속담이란 게 단어 자체의 사전적 의미가 아니라
비유와 풍자로 표현된 것이니 한국의 문화를 이해하기 전엔
제대로 알아들을 수 없는 것은 당연한 이치다.
필요한 책이 있으면 구해서 보내주겠다 했더니
대뜸 속담에 관계되는 책을 부탁하였다.
그래 발리 여행에서 돌아와 속담 풀이 책을 한 권 사고

한국을 이해 하는데 도움이 될 만한 것들로
내가 가지고 있던 몇 권을 함께 보내주었다.
그랬더니 답장 메일이 왔는데
알파벳이 제멋대로 조합된 난해한 글이었다.
한참을 어리둥절하다가 해독이 가능해졌다.
그야말로 신라 시대 향가를 기록했던 이두식 표기다.
한글 자판이 없으니 그럴 수밖에 없다고 생각이 든다.
그녀는 영문자판으로 나는 한글자판을 사용하며
페이스북을 통해 10여 년 가까이 가끔씩이나마
서로 안부를 물으며 의사소통을 하고 있다.
아래 예시글은 노바얀띠에게서 받은 글의 일부다.

kyosunim choesong hamnida,
교수님 죄 송 합니다.
sigan i mani obsoso cjonen e mail rel negt ge dedap el terimnida
시간이 많이 없어서 저는 이 메일 을 늦 게 대답 을 드립니다.
iroh ge hangel lo mot hanika alfabet ro dedap heya hamnida'.
이렇 게 한글 로 못 하니까 알파벳으로 대답 해야 합니다.
cho nen moden kyosunim bonen chek el ta badassemnida.
저 는 모든 교수님 보낸 책 을 다 받았습니다.
nomu2 komapsemnida. daem e kyosunim dnje tenji siganni

nasemyon

너무도 고맙습니다. 다음 에 교수님 언제 든지 시간이 나시면

ali bali e to ossimyon cjohgetsemnida.

빨리 발리 에 또 오시면 좋겠습니다.

hansang gongang hamnida!!!!!!!!

항상 건강 합니다.

발리의 수양딸

한 5년 정도 지났을까 연락이 주춤한 사이에 노바얀띠의 메일 주소가 바뀌고 그 바람에 소식이 잠잠해졌다.
그러다가 지난 3월 다시 발리 여행을 다녀올 기회가 있었다.
일 년에 고작 한두 번의 해외여행인데 가보고 싶은 곳, 가야 할 곳이 얼마나 많은가. 그런데도 많지 않은 해외여행 기회에 한 곳을 다시 찾는다는 것은 그리 쉬운 일이 아니다.
아내와 함께 찾았던 흔적을 더듬기 위해 작년에 대만을 다시 들렀고, 이번에 발리 여행길이 그렇다.

이번 여행의 우리말 가이드는 수디아사라는 40세의 남성이다.
한국어학과가 설치된 대학은 없고 한국어를 가르치는 학원이 5곳 있어 모두가 그렇게 한국어를 공부했다고 한다.
또 발리에 한국어 가이드가 몇이나 되느냐는 나의 물음에 70명 정도라 대답하기에, 혹시 노바얀띠를 물었더니 전에 함께 근무한 적이 있다고 했다.
그래 가이드를 통해 노바얀띠와 전화 연락이 닿았다.
그날 저녁 노바얀띠가 가족들을 동반해 호텔로 찾아와

실로 9년만에 반가운 상봉을 할 수 있었다.

"아버지, 다시 오셨네요."

첫마디 말과 함께 울먹거리는 바람에 나도 눈시울이 뜨거워졌다.

교수님이라고 부르던 호칭이 아버지로 바뀌었다.

메일 편지로 발리에 또 오라는 말은 여러 번 했지만

이렇게 다시 내가 올 줄은 꿈에도 생각지 못했으리라.

전엔 아이가 하나였는데 그새 둘을 더 낳아 아들만 셋이란다.

20대의 앳된 모습이 이젠 38세의 중년 여인이 되어 있었다.

남편과 아이들을 내게 소개하며 인사를 시켰다.

남편도 밝은 표정으로 대해 주었고, 세 살짜리 막내도 손으로

부르니 선뜻 내게 와 안겨 주었다.

두 시간 넘어 환담을 나누다 보니 가족 모두가 착하고 어진

사람들로 내 딸, 내 사위, 내 손주들로 그대로 느껴졌다.

적도赤道 아래 머나먼 이국 사람들이지만 마음을 열면 국경과

인종을 초월해 감정도 인정도 따뜻하게 소통이 되는구나.

노바얀띠가 화장품을 선물로 준비해 왔다.

나는 혹시 만날 수 있을지도 모른다는 기대감에 선물이 아닌

현금으로 약간 준비해 왔기에 아이들 과자값으로 건네주었다.

현지인 한국어 가이드들은 대체로 한국에 대한 동경과

관심이 크고 한국을 다녀가고 싶다는 말을 한다.

언어엔 혼이 들어 있고 모든 생활상이 함께 담겨있다.

그들이 한국어를 배우면서 한국의 자연과 문화 역사 등,
우리에 대한 각종 정보를 알게 되면서 한국을 선망하게 되는
것은 당연한 이치이고 자연스러운 현상이다.
그들은 소중한 지한파知韓派이며 친한파親韓派 인사들이다.
나도 발리를 다녀오면서 친발리(親Bali) 인물이 되고
마찬가지로 노바얀띠는 발리의 친한파가 되는 것이다.
내년 봄이나 가을에 가족들과 함께 한국을 다녀가라고 했다.
상하의 열대에서 살다 보면 계절감을 모를 것이니
온갖 꽃이 다투어 피는 봄철의 화사한 경치를 보여주고 싶고
오색으로 온 산야가 황홀한 가을 단풍을 보여주고 싶은 것이다.

발리의 노바얀띠 가족과 함께

더불어 사는 지혜

한국을 다녀간 연변 동포들이 눈물로 얼룩진 서울 생활의 수기를 모아 엮은 책을 얼마 전에 읽은 적이 있다.
아직도 기억되는 이야기 하나. 연변 대학의 어느 교수가 적은 글이 오래도록 기억에서 지워지지 않는다.
서울의 한 교수가 그곳에 다녀갔을 때,
같은 학자로서의 반가움과 조국에서 왔다는 감격에 나름대로는 온 정성을 다해 정성껏 모셨다고 한다.
서울의 교수도 연신 고마움을 표하며 꼭 서울에 한번 다녀갈 것을 간절히 부탁하더라는 것이었다.
그 후, 연변 교수가 학술회의 업무로 서울엘 처음 왔는데 몇 번의 전화 연락에도 서울의 교수는 바쁘다는 말뿐, 결국 만나주지 않아 그냥 돌아갔다는 것이다.
보답이나 후한 대접을 바란 것도 아니고,
단순히 지기知己 간에 인사나 차리고 돌아가고자 함이었는데, 부담을 느낀 연유인가 아니면 연변 동포에 대한 폄하된 인식 탓인지 며칠을 서울에 머무르는 동안에도 끝내 상면을 못 했다는 이야기다.

지식인을 자처하는 자도 이러하거늘, 기업인이나 일반인에 대한 기대는 아예 금물이라고 단정적으로 서운함과 배신감을 토하는 것이었다. 그 책 속의 50여 명 글쓴이들의 한결같은 서울 후기後記가 '한국은 더 이상 조국이 아니다.'라는 결론의 말이었다.
북쪽 가난한 사람들에게도 인정은 살아있는데, 남쪽 배부른 이들에게선 배신과 서운함만 남는다는 말을 덧붙였다. 한국을 위해서는 어떤 일도 하지 않겠다고 우리에 대해 원망과 저주가 대단했다.
네팔에서도 한국을 다녀간 근로자들이 우리의 비인간성을 폭로한 책이 발간되었다는 보도를 접한 적이 있다. 서울에서 학대받았던 설움만큼 한국인을 보면 그대로 되갚겠다며 울분을 토하더라는 것이다.

우리 한국에 와 있는 외국인 근로자들의 인권 문제가 심심찮게 매스컴에 오르내리고 있다.
차제에 그들을 대하는 우리 국민들의 태도가 과연 인간적이고 바람직했는가 내 나름대로 생각해 본다.
돈을 벌어 가난을 벗고 잘살아 보겠다는 소박한 꿈을 가지고 낯설고 물선 이국땅까지 와서 온갖 고생을 하고 있는데, 고국과 가족을 떠나온 그들의 마음인들

얼마나 외롭고 힘들겠는가.
연변 조선족 우리 동포나 동남아인들이 십여 년 훨씬
전부터 코리안 드림을 가지고 물밀 듯 한국에 들어오고 있다.
정식으로 비자를 받고 들어온 사람보다 비공식으로
밀입국한 숫자가 훨씬 많다고 한다.
정확한 숫자를 파악하기는 어렵지만, 한국에 머무르는
외국인이 대충 130만여 명에 이른다고 한다.
연변 동포들의 경우는 조국이라는 막연한 그리움과
일확천금의 기대감을 함께 갖고 재산을 팔아 빚까지
얻어 들어온다는데, 꿈을 이루고 돌아가면 다행이지만
그렇지 못한 경우는 패가망신에다 일생 동안 온갖
고통에 시달려야 할 것은 명약관화한 일이다.

일정한 절차를 받아 입국했든 밀입국 선박을 타고
몰래 잠입했든 그들을 다스리고 관장하는 것은
법에 따라 정부에서 할 일이지만,
우리 일반 국민들은 그들을 하나의 온전한 인격체로서
대해 주었으면 하는 아쉬움이 적지 않다.
반가운 손님 대접까지는 못한다고 하더라도,
외국인 근로자의 인격을 짓밟고, 그들을 머슴이나 하인,
노예처럼 마구 취급하고 있지나 않았는지
우리 스스로 반성해 보아야 하지 않을까?

그들이 우리로부터 인격적 수모를 당하고 때로는
신체적 고통까지 당한다는 이야기를 들을 때마다
가슴이 아프고 부끄러운 생각을 금할 수가 없다.
무비자 밀입국자라거나 체류 기간이 경과된 불법체류자라는
약점을 이용해 임금을 제대로 주지 않고,
심지어는 신체에 폭행까지 가한다는 이야기가 들릴 때는
절망에 가까운 탄식이 나도 모르게 흘러나오곤 한다.
우리에게도 지난날 그들과 똑같은 상황이 있었지만,
올챙이 적 아픔을 잊어버린 것 같아 안타깝다.
광부로 간호사로 독일에 건너가 서구인들이 볼 때는
몇 푼도 되지 않는 돈벌이에 생명을 걸었고,
열사의 중동 땅에서 외화 획득을 위해 수십 년씩 고생을
감수했던 일이 그리 오래된 일이 아니다.
심한 표현으로는 달러벌이로 월남전까지 참전하지 않았던가.
지금도 미국이나 일본에 대한 환상을 가지고
그들 나라에 가서 비인간적 차별 속에 돈벌이에
몰두하는 우리 한국인이 여전히 존재한다.
강자에게 비굴할 정도의 저자세를 취하면서,
우리보다 약하고 못 사는 자에겐 거드름과 허세로
그들의 코를 누르지나 않는지 염려스럽다.
약한 자를 돌보아 주지는 못할망정, 그들을 냉대하고
나 자신의 사리사욕을 위해 이용한다면 그것은

소인배의 비겁함이요, 졸부들의 피학적 자기 위장의
비열한 행태로 비쳐질 수밖에 없다. 연변 동포의 말도,
동남아 근로자의 말도 모두 참으로
가슴 철렁하고 섬뜩한 말이다.

본시 우리는 인정 많고 예의 바른 민족이었는데,
언제부터 우리만 못한 자를 얕보는 용렬함이 우리의 마음
한구석에 똬리를 틀고 잠재해 있었던 게나 아닌지.
우리를 찾아온 손님들을 친구로 만들지는 못할망정,
그들을 모조리 반한파反韓派로 만들어 버려서
우리에게 무슨 득이 있겠는가.
미국 L.A 흑인 폭동도 그에 대한 실질적 원인 제공이
우리에게 있음을 겸손한 마음으로 돌이켜 볼 필요가 있다.
툭하면 무전유죄無錢有罪의 억울함을 우
리가 지금도 얼마나 외쳐대고 있는가.
좋든 싫든 우리 사회가 이미 다문화 사회로 접어들었다.
다문화 사회는 우리 자신의 사정이나 필요에 의해서
이루어진 것이지, 남들이 우리 안방으로 밀고 들어와
원치 않게 생긴 결과는 아닌 것이다.
이제 피부색으로 너와 나를 구분 지어서도 아니 되고,
출신 국가의 경제력을 잣대로 이방인을 만드는 것도
바람직한 모습이 아니다.

지나치게 단일 민족을 떠들어대기보다
모두가 함께 어우러져 더불어 사는 사회,
그것이 우리가 바라는 인간미 넘치고
살맛나는 세상이라는 생각을 해보는 것이다.

수필계 2009년

내가 지켜본 지암知岩 선생

지암知岩은 정춘남 선생의 아호입니다.
아호의 의미 그대로 선생은 하나의 커다란 바위입니다.
아니, 천공을 꿰뚫고 흘립한 거대한 석벽으로
모두가 한번 올라보기를 갈망하고 우러러보는 우뚝한 존재입니다.
오랫동안 지인知人으로 또 문우文友로 함께 지내오면서
지암 선생으로부터 바위의 덕을 느끼고 배울 수 있었습니다.
비바람 몰아치고 찬서리 눈보라가 휘날려도
언제나 제 자리에 버티어 서서 천고의 세월을
한결같은 의지로 일관하는 모습은 인고의 상징입니다.
성공한 사업가로 탄탄대로의 여생을 즐겨야 할 시기에
예기치 않은 병마와 고된 싸움을 벌이면서도
지암 선생은 붓을 들고 백여 편의 글을 쓰셨습니다.
그 결과 투병 생활도 끝내고 마침내는 수필가로 등단하여
지금은 왕성한 문필 생활을 보여주고 계십니다.

한 마디마다 좌중에 폭소를 던져주고,

글 한 구절마다 언제나 재치와 해학이 넘칩니다.
뛰어난 언변과 화술은 모든 이를
끌어당기는 마력이 깃들어 있습니다.
본인은 자신의 닉네임을 '허튼소리'라 하지만
지암 선생의 모든 글에는 읽는 이로 하여금
한번 손을 대면 단숨에 읽어내릴 수밖에 없도록
눈을 잡아놓는 괴력과 유려한 필치가 돋보입니다.
그래 언제나 많은 독자가 그의 글을 기다리고 있습니다.
그의 글에는 소시민들의 진솔한 삶이 깃들어 있고
생명에 대한 경건함과 따뜻한 인간애가 넘쳐흐릅니다.
슬쩍 건드리고 지나가는 듯한 이야기 속에서도
민초들의 애환이 진한 향수로 우리의 뇌리를 자극합니다.
글을 읽노라면 참을 수 없는 폭소가 연속으로 터지기도 하고
때로는 눈물을 한두 방울 찔끔거리기도 합니다.
그 웃음 뒤에는 아련한 여운이 남아돕니다.
눈물과 어우러지는 연민의 정도 있습니다.
그것들은 해학의 웃음이고 역설의 눈물입니다.

지암 선생은 뛰어난 경영으로 본업을 성장시킨 사업가요,
인간 세태를 특유의 기법으로 필름에 담아온 비디오 사진작가
이며
또한 그러한 명성에 못지않게 휴머니즘 넘치는 자연주의자입

니다.

풍광 좋은 남양주 수동의 철마산 기슭 초막에 은거하면서
틈틈이 산수간에 노닐며 나무와 돌과 바람과 더불어 대화하고
자연과의 교감을 통해 강호의 기개를 맘껏 누리고 있습니다.
이 땅에 깃을 틀고 살아가는 모든 생명체를 지극히 사랑하여
풀 한 포기마저 소중히 아끼고 사랑하는 선생의 모습에서
거룩한 인생관과 함께 참다운 자연관의 진면목을 대하곤 합니다.
천생의 낙천적 기질과 자연을 통한 생명에의 경외감은
지암 선생의 건강 회복에 보이지 않는 큰 요인이었습니다.
선생께서 이번에 첫 수필집을 상재하시매
문운이 더욱 열리고 뛰어난 필력으로 수필가로서의 영예가
더욱 빛날 것을 굳게 믿고 또 소망하는 바입니다.

아름다운 백작

우리 문인회에 '광주 백작'으로 불리는 한 분이 있다.
그에 대한 호칭은 '김 사장'도 '김 선생'도 아니다.
일상 호칭으로는 낯설고 드문 용어로 그를 오랫동안
'백작'이라는 고상하고 품격 높은 명칭으로 불렀다.
그를 만난 지가 20여 년이 넘었는데.
누가 맨 먼저 그런 호칭으로 불렀는지 뚜렷하지는 않지만
언제부터인가 모두가 그렇게 불러왔다.
모임이나 행사가 있을 때는 빠지는 일 없이
멀리 빛고을 광주光州에서 올라오곤 했다.
'광주 백작', 이 얼마나 신선하고 고고한 기품의 호칭인가.
참으로 김영배 수필가에게 어울리는 적절한 말이다.

사람을 가리키는 호칭은 다양하다.
일반적으로 상대방을 존중해 높여 부를 때
흔히 '사장이니 '선생'이니 하는 용어를 많이 사용한다.
본래의 의미야 실제 사장이란 직함을 가지고 있는 이에게나
'사장'이란 호칭을 써야 하고

'선생'도 일선 교육 현장에서 학생들을 가르치는 일에
종사하는 사람에게나 쓸 수 있는 말이겠다.
그러나 인간관계가 다원화하고 사회가 발달하면서 특정 언어가
일상적 용어로 그 의미가 확장되고 전이轉移되는 경우가 허다하다.
그렇다고 아무에게나 존칭의 용어를 사용하지는 않는다.
그만한 학식이나 덕망을 지니고 있고, 또 그에 걸맞은
인품의 소유자로 인정될 때 우리가 그렇게 불러주는 것이다.

'백작伯爵'은 고려 시대에 상류 지배 계층을
다섯 등급으로 나누어 부르던 작위의 하나다.
상위로부터 공작, 후작, 백작, 자작, 남작으로 구분한 것 중
중간 등급을 가리켰으나, 고려 말 공민왕 대에 이르러 없어졌다.
내게 '백작'이라는 용어가 귀에 익숙해진 것은
소설 〈몽테크리스토 백작 Monte-Cristo伯爵〉 덕분이다.
19세기 중엽 프랑스의 작가 알렉상드르 뒤마(Alexandre Dumas
pere)가
발표한 소설로 우리에겐 신소설 〈해왕성〉이나
김내성의 〈진주탑〉으로 번안되어 유명해진 작품이다.
중학교 시절 〈진주탑〉에 빠져 밤을 꼬박 새우고
다음날 그냥 등교한 경험이 있었던 만큼, 주인공 몽테크리스토
백작은 내게 우상과 같은 존재로 각인되어 있던 이름이다.
백작이란 이미지가 주는 귀족풍의 위엄과 권위가 그대로

김영배 수필가에게로 이입되었다.

단아하고 깔끔한 외모와 언제나 온화한 미소로써

상대방을 편안하게 해주는 모습이

몽테크리스토 백작과 오버랩으로 일치되었다.

'광주 백작'- 그의 일거수일투족은

언제나 문우들간에 남도南道의 신사紳士로 통했다.

어린이날에

날아라 새들아 푸른 하늘을

달려라 냇물아 푸른 벌판을

오월은 푸르구나 우리들은 자란다

오늘은 어린이날 우리들 세상

어린이날 노래를 우리도 어린 시절 많이 불렀다.

목청껏 목청껏 소리 높여 부르기는 했지만

노래처럼 어린이날이라고 해서 별다른 대우는 받지 못했다.

도시 아이들은 어땠는지 모르지만

산골 아이들에겐 있는 듯 마는 듯 아무 날도 아니었다.

가난한 시절이기도 하려니와

어린이날에 대한 어른들의 관심 자체가 없었으니

선물 하나 받아본 적이 없다.

어린이날을 제정한 이는 모두가 잘 알듯이 소파 방정환이다.

'어린이'란 말을 처음 쓴 사람도 그분이다.

그가 어린이에 대해 관심을 갖게 된 것은

식민지하에서 국가와 민족의 운명이
어린이들의 미래에 달려있다고 본 것이다.
손병희 선생의 사위가 되고부터 장인의 뜻을 따르면서
튼튼하고 건강한 어린이를 기르기에 심혈을 기울였다.
그러나 과로와 고혈압 증세로
33세의 젊은 나이로 세상을 떠났다.
방정환의 묘소는 망우리 공원묘지
순환도로 구리시 방향 동쪽 길 주변에 있다.
순환도로에서 산 위쪽으로 50여 미터 거리에
떨어져 있어 찾는 발길이 거의 없는 편이다.
봉분은 없고 그 자리에 '童心如仙' 네 글자가
새겨진 화강암 비가 대신하고 있다.
가까운 거리에 만해 한용운 선생의 묘소도 있는데,
이 두 분 같은 선각자나 애국지사를
국립현충원으로 모시지 못하고
공동묘지에 방치한 것이 못내 죄스럽다.
오늘 어린이날을 맞아 방정환을 되새기며
잠시 애국선열에 대한 예우와 도리를 생각해 보는 것이다.

옛날 옛적 우리 때처럼 7남매, 9남매, 아니 11남매씩
땡삐집처럼 형제들이 줄줄이 한두 살 터울로 우글거리면
모처럼의 어린이날이 그런대로 기다려지고 의미도 있으련만…

이즘의 외톨이 자녀들이야 365일이 모두
생일이고 어린이날이 아닐는지.
오늘만의 의미를 굳이 되새기지 않아도 괜찮을 터인데,
아무려나 귀여운 새끼들 애지중지 키워야지요.

봉분이 없고 '童心如仙' 묘비명이 정겹다

어버이 날에

1. 어머니

사임당이야
오죽헌 고대광실에서
난蘭이나 치고
글만 읽었어도
율곡 아들 하나 잘 두어
두고두고
역사의 어머니상이 되었다.

내 어머니
열아홉 꽃나이에
산자락 끝집
오두막에 들어와
손톱이 다 문드러졌어도
일곱 남매 누구도
이름 하나 내 걸지 못해

한평생

농사꾼의 아내로 끝나셨다.

모든 세월

자식들에 얽매고도

유난히 철없던 막내

눈에 담아 기다리다

차마 감지도 못하셨는데

싸락눈 섞어 치고

산바람 모질게

내리 불던 날

홀연히

잔디 이불을 덮으시다.

2. 아버지

눈을 감으면 빛바랜 사진인 듯

물기 어린 눈가에

언제나 비쳐 오르는 하얀 두루마기.

불혹에 얻은

철없던 끝동이 막내아들

우골탑에 입학하던 날
맨 앞에서 대표 선서를 한다고
밤차로 올라와 평생 처음
학교를 찾으셨는데
무리의 하 많은 인파 속에
흰 두루마기는
오직
울 아버지뿐이었습니다.

이제 생전의
아버지 나이를 훨씬 넘어
당신의 자식으로 태어나
당신을 불러보는 것이
이 세상 가장 큰
행복임을 알았습니다.
평생 받기만 했던 사랑,
시간은 기다려주지 않고
가슴 아픈 뉘우침만 남아
한식을 어버이날로 옮겨
산소를 찾았습니다만
올해도
할미꽃만 붉게 피었습니다.

낙화유수

낙화유수落花流水

시간이 지나면 꽃도 떨어져 가고 흐르는 물도 쉼 없이 흘러가나니 세월도 가고 인생도 가는 것이 자연의 순리고 인생사 아니겠는가? 낙화유수落花流水의 어원은 10세기 중국의 남당南唐 시대에 이욱李煜의 사詞 〈낭도사浪淘沙〉에 나온다.

流水落花春去也, 天上人間

흐르는 물 떨어지는 꽃에 봄이 가니 천상의 인간 세계로다.

본래는 가는 봄의 풍경을 묘사한 말이었는데, 후에 뜻이 확대되어 힘이나 세력이 쇠해 가는 것을 비유하는 말로 쓰이게 되었다.

이 강산 낙화유수 흐르는 물에
새파란 젊은 꿈을 엮은 맹세야
세월은 흘러가고 청춘도 가고
한 많은 인생살이 고개를 넘자

노래 가사는 일정한 내용의 사연이 있어야 하고
전체를 아우르는 주제가 있어야 완성된 노랫말이 된다.
마찬가지로 외형률이든 내재율이든 일정한 리듬이 나타나야 한다.
우리 가요들의 글자 수 배열이 대체로 4·4(3), 7·5조로 반복되면서
외형률의 음악적 가락이 살아나는 것이다.
여기 '낙화유수'도 7·5조의 노랫말이어서 시적 느낌을 주고 있다.
낙화유수'의 노랫말이 서정적이고 관조적인 한편의
인생 시일 뿐 더러 그 곡조도 우수가 서린 듯한 애조 띤
가락이어서 조용히 듣고 있노라면 어느 결엔가
마음을 깊은 심연 속으로 빠져들게 한다.
여러 가수들의 노래를 바꿔 듣기도 하고
색소폰 하모니카 아코디언 등 다양한 악기로 연주하는 걸 들으면
이 한 곡만으로도 오랜 시간 낙화유수 분위기에 잠길 수 있다.
'낙화유수'는 내가 즐겨 부르는 노래 몇 곡 중의 하나로
한적한 둘레길을 걸을 때 나직나직 불러보거나
늦은 저녁 잠들기 전 연속으로 조용히 듣곤 한다.
어린 시절 우리 큰형님이 노래를 잘 부르셨다.
겨울철 화로를 끼고 앉아 인두로 재를 다독거리며
이런저런 노래를 흥얼거리기도 하고
밭에서 일을 하면서도 언제나 혼자말처럼 끊임없이 불러댔다.
'낙화유수'를 비롯해 '유정천리' '고향에 찾아와도'
'꿈꾸는 백마강' 등의 유명한 옛가요들은

모두 어린 시절 형님을 통해 배운 노래들이다.

이 노래는 일제 말인 1942년 일제 말에 나온 노래로
가수 남인수가 부른 대표적인 흘러간 가요다.
1940년대로 들어서면서 일제가 태평양전쟁을 일으키고
우리에 대해서는 식민통치가 한층 강화되었다.
창씨개명 강제징용을 비롯하여 하루 한 번씩 일왕이 있는
궁성을 향해 허리 굽혀 절하기 즉 궁성요배를 강요하며
문화 예술에 대한 검열이 극도에 이르렀다.
조국이나 민족에 대한 사랑을 직접적으로 표현하면 모조리
검열에서 걸려들기에 간접적 방법으로 국토에 대한 애정을
자연 사랑으로 민족의식을 표출할 수밖에 없었다.
대중가요도 나라 잃은 설음을 고향이나 어머니에 대한
그리움으로 나타내게 되고, 그런 연유로 방랑자의 애수를
노래하는 가요들이 대거 등장하게 되는 것이다.
'낙화유수' 노래도 본래의 가사는 망국민의 설움이 깃든
애상적 의미가 상당히 진하게 나타나던 것을
근래 들어 노랫말의 일부를 개작하여 밝은 분위기를 가미했다.

세월에 꿈을 실어 마음을 실어
꽃다운 인생살이 고개를 넘자 (개작한 노랫말)

이처럼 오늘날의 '낙화유수'는

통속적인 아픔에 빠지지 않고

국가 민족 인생 자연 세월 등의 모든 것을

한 단계 더 승화시켜 절제된

대중들의 가요로 발전시킨 것이다.

산山팔자 물水팔자

일찍이 예견된 역마살…
운명적으로 타고난 팔자랄까, 업보라고나 해야 할까?
산을 보기만 해도 마음이 훌훌 떠나간다.
눈에 바라다보이는 산은 그저 궁금하고,
신령이라도 지폈는가 끝없는 손짓이 불러댄다.
고향의 내 집 사립문 앞에 서면 작은 연봉 너머로
박달산이 보이고, 그 뒤로 월악산의 정상이
삼각형 모습으로 희끄무레 머리가 보였다.
어른들은 와락산이라고들 불렀는데 그 의미도 모르면서,
까마득한 봉우리가 큰바위얼굴처럼 가슴 속에 자리 잡았다.
언제든 자라서 저 산을 가보리라.
산에 대한 무한한 동경은 그때부터 시작되었나 보다.
마을의 앞 뒷산을 돌아다니며 밤을 따고 버섯을 따고,
나물도 뜯고 도토리도 줍고, 겨울이면 눈 속을 헤치며
토끼 길을 따라가면서 올무도 놓았다.
산에서 이루어지는 것 모두가 공부보다
더 좋았고 신명이 났다.

나이 들면서는 큰 산 작은 산 가릴 것 없이
아무 산이고 마음이 끌리면 지도 몇 장으로
정신없이 헤매고 쏘다녔다.
산에 들면 마음이 평온하고 고향으로 어머니의
품을 찾아든 것처럼 그저 황홀하고 행복했다.
돌아다니다 보면 산사山寺에 들어 묵을 때도 많다.
그럴 때에는 예불 소리가 좋았고,
독경과 목탁 소리가 좋았다.
깊은 산 고요 속의 절간 분위기에 엎치락뒤치락
밤을 새운 적도 한두 번이 아니다.

흐르는 물길 따라 어디든 정처 없이 떠나가기를 즐긴다.
내 고을 괴산에는 강물이 굽이굽이
다섯 개 면面을 휘돌아 흘러간다.
속리산에서 발원한 물줄기가 박대천이 되고
다시 느티울 괴강이 되었다가 이내 달래강이 되어
남한강과 합수되어 서울로 서해로 흘러가는 것이다.
냇물을 따라가고 강줄기를 훑어내리는 것은
산에 못지않은 내 여정의 하나다.
태백의 검룡소를 출발해 임계의 골지천,
정선의 아우라지와 조양강, 영월의 동강,
단양 충주를 지나고 여주에 이르면 여강이 된다.

이렇게 남한강을 내려와 양수리에서 다시
북한강을 거슬러 청평과 춘천을 거쳐 소양강으로,
인제 북천, 설악의 용대리까지 끝도 없이 이어지는
발길은 열흘도 좋고 보름이라도 좋았다.
강물에 유랑심을 띄우고 떠다니는 것도 좋고
여울에 들어, 내 혼자 첨벙거리는 게 그리 좋다.
어릴 적 그때처럼 물고기 올갱이와 한바탕
어울리다 보면 온갖 것 잡다한 상념들이
티끌의 남김도 없이 말끔히 달아난다.
그럴 때면 더없는 순수와 안식에 잠기곤 한다.
모든 생명체의 근원이 물이라 하던데,
원초의 탯줄로 돌아간 회귀의 본능이 아니겠는가.
물 좋은 곳을 지나게 되면 으레 길을 멈추고 살펴본다.
차 뒷켠에는 언제나 고기잡이 준비가 갖추어져 있다.
투망과 촉고를 치는 일도 더할 수 없는 즐거움인데
지금은 사용이 금지되어 재미가 반감되었다.
철 맞추어 산에 오르고 물에 들어 사는 생활.
여기에 더 무슨 바람이 필요할까?
나의 소박한 꿈은 큰 산이 있고 여울 정도의 물이
있는 곳에 작은 초막을 짓고 사는 것이었는데
도회의 소용돌이를 벗어나지 못한 채
외짝 허허로운 세월을 무심히도 흘려버렸고나.

평양 이야기

우리 대통령이 수행원 100여 명을 동행하고
북한을 공식 방문하여 평양에 머무르고 있다.
분단 70여 년 동안 가볼 수 없는 남의 땅처럼 느껴졌던
북한의 수도 평양-
통일 국가 고려에서는 신라의 경주를 동경東京이라 칭하고
단군의 고조선과 고구려의 수도 평양을 서경西京이라 하여
두 곳 모두 민족 역사의 성지로 여겼다.
조선 시대에 들어 관리들이 지방 외직으로 나가게 되면
선호하는 1순위가 평안감사직이었다 한다.
북쪽으로 통하는 군사적 요충지이기에 전략적 필요로
중앙정부에 공물을 바치지 않아도 되어 재정이 넉넉할뿐더러
평안감사의 재량권이 크게 작용할 수 있었기 때문이라 한다.
또한 평양을 색향色鄕으로 부를 만큼 미인이 많은 곳으로 유명하다.
남남북녀 말처럼 미인으로 유명한 곳은 강계, 성천, 평양이다.
조선 시대 문장에 뛰어난 황진이, 김부용, 이매창을 일러
3대 시기詩妓로 부르는바, 운초 김부용은 성천 출신으로
부모가 일찍 죽는 바람에 성천 관기로 들어갔다.

이때 김이양 대감이 평안감사로 부임하는데
성천부사가 부용을 김이양 감사에게 바쳤다.
한시에 뛰어난 부용을 김이양이 아끼고 사랑하여
기적妓籍에서 빼어내 자신의 부실로 삼았다.
그 당시 김이양은 77세 부용은 18세로 무려 59세의 차이였다.
김이양 대감이 90세로 짝고하자 젊은 나이의 부용은
시묘살이도 하면서 종신토록 수절하다 48세에 죽었다.
호두로 유명한 천안의 광덕사 우측 계곡
김이양의 묘 아래 비련의 명기 김부용이 묻혀있다.

평양의 대동강은 많은 문학 작품에서 배경을 이룬다.
고려가요 '서경별곡'에선 이별하는 우리임을 배에 태워
건네주는 사공에 대해 원망을 퍼부어 댄다.
김시습의 금오신화 중의 한 편인 '취유부벽정기'에선
술에 취해 부벽루에 올랐다가 선녀를 만나
시문을 주고받으며 사랑을 나누었다는 사연도 전한다.
뿐만 아니라 신파극 장한몽의 주인공 이수일과 심순애가
사랑을 속삭이던 곳도 능수버들 휘늘어진 대동강 변이다.
모란봉, 능라도, 부벽루, 을밀대의 아름다운 경치를 완상하며
시문과 술잔을 나눌 때가 생전에 오기나 할 것인가.

2018.

이산가족 상봉

4남 3녀의 만이인 큰형님을 나는 얼굴도 모른 채
평생 가족들로부터 얘기만 수없이 들어왔다.
사변동이 나를 안고 사립문 밖 철봉대를 자주 나갔다고 하는데,
내가 첫돌도 지나기 전 인민군에 끌려간 후
지금 이 세월까지 소식을 모른다.
당시 아버지께서 구장(지금의 이장) 일을 보시다가
인민군에게 부역을 제대로 안 한다고 반동으로 몰렸단다.
그래 마을 밖 동구나무에 묶여 총살을 집행하려는 순간
형님께서 나섰다 한다.
"나를 잡아두고 아버지를 살려 달라."
이렇게 아버지를 구하고 열아홉 우리 집 장남은 북으로 끌려갔다.
자신을 대신해 잡혀간 장남에 대한 부모님의 한스러운 탄식을
나는 평생 옆에서 지켜보며 살아왔다.
단순한 이산離散이 아닌 생이별의 고통을 평생 껴안고 사셨던
아버지도 어머니도 장남의 소식을 들어보지 못한 채 가신 것이다.

내 가족의 고통, 우리 민족이 겪은 통한의 역사 68년

내 나이와 똑같은 길고도 긴 세월이 흘렀다.
그때 태어난 발가숭이들이 초로에 접어들었으니
십년강산이 아니라 한 사람의 일생에 해당하는 장구한 세월이다.
그 사이 공산주의 종주국 소련도 붕괴되고 대다수 분단국가들이
통일되고 폐쇄되었던 사회주의 국가들도 문호를 개방했다.
모든 것을 이분법으로 재단하던 냉전논리도 종식되고
자본주의의 승리로 이데올로기의 대립은 끝났다.
돌아보면 분단과 이별, 대립과 단절의 고통만으로 점철된
우리 현대사가 너무 아깝고 억울하다.
금년 세수가 88세일 텐데 하늘 밑 어디라도 살아계실런가.
모처럼 남북 간에 대화 분위기가 조성되면서 지난주에 이어
오늘도 헤어진 혈육을 실은 버스가 금강산으로 가는구나.

2018.

거룩한 모정

산행을 다녀오느라 청계천에서 내려 지하철 2호선을
갈아타기 위해 왕십리행 마을버스를 탔다.
마장동에서 중년을 넘긴듯한 아주머니가 커다란 보따리
두 개를 들고 힘겨운 모습으로 차에 오르는 것이 보였다.
짐 둥치로 보거나, 힘들게 하나씩 들어 올리는 모습에서
보따리의 무게가 여간한 게 아닌 듯싶었다.
옷매무새나 그은 얼굴 모습이 시골 아낙으로 보였다.
왕십리역에 이르러 그 아주머니는 내 앞서 내려서
양손에 짐을 하나씩 들고 종종걸음으로 가더니
백여 미터도 못 가 지하철 입구에서 주저앉는 것이 아닌가.
'저 짐을 들어 드려야 하나, 어쩌나?'
전에 고속버스터미널에서 노인에게 무안을 당했던 일이
얼핏 떠올라 자칫 도와주려다 오해나 사지 않을까
하는 생각에 선뜻 나서기도 망설여졌다.
낯선 사람의 작은 호의도 받아들이기 어려울 만큼 신뢰가
무너지고 인정마저 메말라가는 불신시대…
이런저런 생각을 하면서 들어드리겠다고 했더니 배낭을 멘

내 형색이 편안하게 느껴졌는지 짐 하나를 내주셨다.
강변역에서 다시 음성행 시외버스를 갈아타야 한다고 했다.
지하철 계단을 내려가면서 아주머니의 말이 이어졌다.
대학생 아들이 자취를 하는데 햅쌀을 가지고 올라왔더니
무얼 먹고 지내는지 먼저 쌀이 그대로 남아있더란다.
그래 쌀벌레가 날까 봐 햅쌀과 바꾸어 간다는 것이었다.
짐이 많을 때는 택시를 타지 무어 힘든 고생을 하느냐 했더니,
쌀값이 몇 푼 되지도 않는데 그러다 보면
배보다 배꼽이 더 크지 않겠느냐고 했다.
쌀이 두세 말은 됨직한데 먼 길을 왕복하며 무거운 짐도 마다않고
스스로 부대낌을 기꺼워하는 아주머니의 모습에서
자식에 대한 부모의 본능적 희생을 느낄 수 있었다.
하긴 나의 부모님도 내게 다녀가실 때는 늘 그러하셨다.
단 한번도 빈손으로 편히 다니시질 못하셨다.
언제나 온갖 짐꾸러미가 몇 개씩 되었다.
그뿐 아니라 버스 요금 몇백 원 아끼시느라
언제나 도중에 시내버스로 갈아타셨다.
청주에 나오실 때는 내수에서 갈아타시고,
서울에 올라오실 땐 신장리(하남)에서 바꿔 타시곤 하셨다.
내게도 하숙비를 늘 쌀로 몇 말씩 주셨기에
학창 시절 쌀자루와 씨름한 적이 어디 한두 번이랴.

왕십리 지하철역은 여러 개의 노선이 교차하는 관계로
다른 역에 비해 통로의 구조가 복잡하고 거리 또한 멀었다.
내 역시 왕십리역이 낯설어 올라갔던 계단을 내려오는 등,
무거운 짐을 들고 한참을 헤매야만 맸다.
지하철을 타고 가며 아주머니와의 얘기가 이어졌다.
자식놈은 나이가 얼마가 되든 부모에겐 애물이라 했다.
맞는 말이다. 내 어머니도 나를 그렇게 키우셨고,
지금의 나도 내 자식을 이렇게 키우고 있지 않은가.
군대까지 갔다 왔다는 아들 녀석…
제 놈들 보따리인데 저들이 동서울터미널까지 따라 나와
마지막 타는 시외버스에까지 실어 줘야지.
아주머니께서 고향행 버스를 탈 때까지 들어다 드리고 싶었지만
강변역에서 내리는 뒷모습만 애처롭게 바라보았을 뿐,
바쁠 것도 없는 내 길을 무심히 돌아오고 말았다.
거룩한 우리들의 어머니…
아무쪼록 저문 길을 무사히 잘 내려가셨기를 바랄 뿐이다.

이별의 노래

기러기 울어 예는 하늘 구만리
바람이 싸늘불어 가을은 깊었네
아~ 너도 가고 나도 가야지.

한낮이 지나면 밤이 오듯이
우리의 사랑도 저물었네

산촌에 눈이 쌓인 어느날 밤에
촛불을 밝혀두고 홀로 울리라

이별의 노래를 부르면 한 폭의 동양화가 연상된다.
여백의 미를 좋아한 박목월 시인의 눈물이
그 빈자리에 찰랑거리는 듯 하다.
이 시의 클라이맥스는
"산촌에 눈이 쌓인 어느 날 밤에
촛불을 밝혀 두고 홀로 울리라" 하는 대목이다.
여기에 얽힌 시인의 아가페적 비련을 알고 나면

더욱 이 시의 뜻이 애틋하고 아름다워진다.
박목월 시인의 수필집 '구름에 달 가듯이' 에는
이별의 노래에 얽힌 사연이 실려있다.
주인공의 신분과 이름, 만난 계기나 시기는
고백하지 않았으나 그 여인과 만나서 헤어질
때까지의 이야기가 서술되어 있다.

젊은 시절 대구의 교회에서 처음 만났다가
결혼 후 그녀와의 애정 도피를 위해 제주로 건너갔고
20여 년의 세월이 흐른 어느 날 그녀의 연락을 받고 찾았다.
유달리 눈부시게 햇빛이 비친 맑은 날이었다.
저편에서 걸어오는 한 여인, 소복한 여인은
햇빛을 등으로 받으며 불꽃에 싸여 있었다.
석고처럼 창백한 그녀의 얼굴은 아름다웠다.
중병을 앓고 있던 그녀는 그 날밤 자신의 병실을
지켜주길 박목월 시인에게 청했다.
병실에서 두 사람은 건배를 들었다.
그리고 이듬해 가을 어느 날 오후 ,
그녀는 세상을 떠났다.
그는 비통한 심정으로
"기러기 울어 예는 하늘 구만리…" 하며
이별의 노래를 조용히 읊었다.

'산촌에 눈이 쌓인 어느 날 밤에 촛불을 밝혀 두고 홀로 울리라'라는 표현은 낭만적인 것 같지만 그는 '나는 하얗게 재가 되어 삭아 내린 기분'이라고 당시의 비애를 표현했다. 그 후로 목월 시인은 이 노래가 들려오기만 하면 혼자서 조용히 눈물을 흘리곤 했다는 것이다.

'기러기 울어 예는 하늘 구만 리~'

사랑은 영원한 향수

우리 민요 아리랑의 정서는 은근하고
애절하며 희생적이다.

나를 버리고 가시는 임은
십 리도 못 가서 발병 난다.

떠나는 임에 대한 저주가 아니다.
멀리 가기도 전에 꼬꾸라지라는 비뚤어진
지탄이 아니라, 조금만 가다가도 다리가 피곤해
더 멀리 가지 못하고, 내게로 다시 돌아올 수밖에
없는 상황이 되기를 바라는 간접적 하소연이다.
한국인의 사랑 표현은 적극적이질 못했다.
차마 따라가 잡지 못하고 혼자서만 이별의 아픔을
삭여야 하는 것도 한국적 사랑의 애절한 자기희생이다.
가시는 임에게 원망을 퍼붓기보다, 오히려 꽃을
한아름 뿌리며 임의 길을 축복하는 것은
진정한 사랑의 승화로 보아야 한다.

정든 임이 오셨는데 인사를 못 해,

행주치마 입에 물고 입만 빵끗

반가움이야 더할 나위 없지만, 용기가 없어
선뜻 나서질 못하고, 치마끈만 만지작거리는
모습은 우리의 전통적 사랑 모습이다.
안타깝기는 하지만, 이렇듯 간접적인 표현이
훨씬 여운을 남기고 은근함을 더해 주는 것이다.

사랑은 영원한 향수이어야 한다.
이루어진 사랑이야 당연히 행복일 수 있으나,
이루지 못한 사랑일수록 더욱 아름다운
추억으로 간직될 수 있어야 한다.
인연이 닿지 못해 멀어져 갔지만, 애써 생각을
단념하고 씻어 버리기보다 고운 사연들만을 골라
가슴 속에 묻어두는 헤아림이 있어야 한다.
아무에게도 말하지 못하고 혼자서 한평생을
조용히 반추하며, 소중히 간직할 수 있는
사랑의 추억이 누구에게나 하나쯤은 있어도 좋다.
삶이 고단하게 느껴지고 허허로워질 때,
고향을 향한 아늑한 향수처럼 따사롭게 마음을
어루만져 주는 회억 속의 사랑은
퇴색해 가는 정서를 보듬어 줄 수 있는 것이다.

사이버 예절

인터넷상의 어떤 기사에 대해서도 혹심한 댓글이
난무하는 현상을 심심찮게 보곤 한다.
어느 연예인이 악성 댓글로 인해 심한 정신적 고통을
겪고 그 네티즌들을 명예 훼손 혐의로 고발하고
법적 대응 조치를 취했다는 보도를 들은 적이 있다.
언젠가 문경의 근암서원에 관한 내 글을 보고
격하게 태클을 걸고 왈가왈부하는 이가 있었다.
자신이 향토인이라니 그 서원에 대한 정보와 지식이
나보다도 더 정확하고 많을 것으로 헤아릴 수 있으나
남의 얘기를 지적하고 반박하는 태도가 매우 강했다.
필요한 정보를 검색하다 보면 남의 블러그를 들어가
이것저것 뒤지며 살펴보는 일이 종종 있게 된다.
그럴 때 간혹 내 견해와 다른 경우도 더러 있다.
내 블로그에도 많은 이들이 다녀가면서 댓글을
남겨주는 이는 있어 때로 고마움을 표시하기도 한다.

그리고 블로그는 개인의 사적 공간이기에

그 내용을 가지고 왈가왈부하는 것은
사이버 에티켓을 망각한 무지한 행위일 수 있다.
혹 보는 이의 생각과 다르고 언짢은 내용이
있다고 해서 타인의 블러그를 문제 삼는 것은
남의 일기장을 뒤져보고 시비를 거는 것과 같은
비상식적이고 몰교양적인 언어도단의 행위이다.
설령 실수나 오류가 있어 지적할 때는 상대방이
무안하지 않도록 적절한 예의도 갖추어야 할 것이다.
얼굴이 보이지 않는 가상의 공간이라고 해서
저급한 표현으로 비방이나 위협을 가하는 것은
미숙하고 반사회적 부도덕한 행위라 할 수 있다.
모든 SNS 세계는 공개적 채널이다.
문자를 통한 교류이지만 미지의 상대방에게도
예의를 지키고 정중하게 선플로 대할 때 본인이나 우리
사회 역시 한층 성숙한 단계로 발전할 수 있을 것이다.

뚝배기랑 냄비 사랑

한국인의 생활 전반에 변혁을 가져온 것은
1970년대 이후의 산업화로부터 기인하는 것으로
보아도 무리는 아닐 것 같다.
물질의 풍요와 함께 과거 기성의 가치관이 단기간에
와해되면서 신구세대 간에 의식의 차이가 커지고
갈등 현상도 함께 나타난 것으로 보아야 한다.
기성세대의 사랑관은 소극적이기는 하지만,
전통 윤리를 미덕으로 여기고 사회 규범에
크게 어긋남이 없었다.
애정의 표현도 직설적이지 못하고
완곡한 간접화법을 사용한 것이 사실이다.
더욱이나 가문의 명예나 자신의 체면을 의식해
행동거지에 상당히 신중할 수밖에 없었다.
서서히 데워지고, 식을 때도 시간이 걸리는
뚝배기에 비유할 수 있을 것 같다.

그러나, 생활 모두에 화급을 다투는 오늘날의 상황은

과거처럼 여유를 부릴 겨를이 없다.
'빨리빨리' 단어가 생활의 기본지침이 되면서부터
사고작용이 급해지고 행동도 이에 따라 조급해졌다.
오늘의 우리 생활이 얼마나 서두르고 바빠졌는가.
시대 상황이 우리의 의식과 행동양식을
정신 못 차리게 바꾸어 놓은 것이다.
유아기부터 인스턴트 식품으로 자라온 젊은 계층에겐
시간이 곧 물질적 부富로 연결되고,
물질이 지선至善의 가치로 평가되고 있다.

남녀 간의 사랑 역시 그들 말대로,
만나고 헤어짐이 시간의 법칙에 따라 자연스럽게
진행되는 것으로 인식하는 것이 그들의 현실이다.
이성 친구가 생겼다는 얘길 들었는데 얼마 후에
잘 진행되고 있느냐 물어보면 이미 끝났다는 소식이다.
요즘 세대의 사랑관은 속도전이라는 느낌이 든다.
쉽게 뜨거워지고 식을 때도 금세 싸늘해진다.
이른바 냄비 사랑이라고나 해야 할까 보다.
변화는 시대적 조류이고 대세다.
기성세대가 걱정한다고 과거로 소급하거나 해결될 일도 아니다.
단지 나이 든 사람들의 기우에 불과한 것일 뿐,
염려하는 것만큼 문제의 요소가 있는 것은 아니다.

우리도 젊어서 부모들에게 적지 않은
마음고생을 시켜드리지 않았는가.
우리가 생각의 틀을 쉽게 바꾸기는 어렵지만,
그들을 긍정적 시각에서 바라보고 이해하려는
여유로움을 보여야 할 것 같다.

김장선물

'인간人間'이란 말부터가 사람과 사람 사이에서
서로 관계를 맺으며 어울려 살아가는 존재라는 뜻이고 보면,
삶이란 유형무형으로 서로 주고받고 교류하고
또 친교를 맺으며 살아가는 과정이라는 생각이 든다.
사람이 살아가는 것 자체가 혼자서 독야청청할 수는 없는 법이다.
외딴 섬에 들어가 살든, 깊은 산골 오지에 들어가
혼자만의 집을 짓고 자급하는 삶이라 해도,
결코 세상을 등지고 홀로 살아간다고는 할 수 없다.
따지고 보면 자신이 사용하는 모든 것들이
남의 힘에 의해서 이루어진 것이니,
일체의 생활 도구를 쓰는 것 자체가 타인과의 관계를 이루고
더불어 살아가는 것이라 해야겠다.
누구든 잠시도 사람을 떠나서 살 수 없고,
이웃을 외면하거나 주위와 단절하고 지낼 수는 없는 것이다.
이같은 인간과 인간의 관계를 부드럽고 친밀하게
유지시켜 주는 것이 바로 선물이다.
선물은 인간 삶의 조미료요,

일종의 윤활유이고 활력소 역할을 하기도 한다.

몇 해 전의 일이다.
아내가 병상에 있다는 것을 알고
지인께서 겨울 김장을 택배로 보내주셨다.
농사를 하시는 분이 아니지만, 바쁜 직장 생활 중에도
밭뙈기 가꾸는 것을 즐거움으로 여기시는 것 같다.
손수 가꾼 것을 거두어 직접 김장까지 담그셨다니,
이보다 더 값지고 소중한 선물이 또 어디 있겠는가.
모든 농사일이 다 그렇지만, 배추 한 포기 가꾸는 일만 해도
몇 달 동안 그 얼마나 많은 수고를 들여야 하는가.
씨앗을 넣고 싹이 트면 장마와 태풍에 씻겨버리기 일쑤요,
가을 가뭄이 심하면 물 대주는 것도 여간 고단한 일이 아니다.
때맞추어 거름도 주고 김도 매야 할뿐더러,
갑자기 기온이라도 내려가면 덮개도 씌워 주어야 한다.
한 포기, 한 포기마다에 깃든 땀과 노력을 생각하면
공산품의 선물에 비해 몇백 배의 정성을 느끼게 된다.
더욱이 김장을 담그는 일손은 단순한 게 아니다.
배추를 다듬어서 절이다 보면 하루요, 무채 썰고 파와 마늘을
손질하고 찧다 보면 밤을 새우다시피 해야 하고,
양념을 버무려 김장으로 갈무리하다 보면 또 하루가 다 가고 만다.
그렇다고 단순히 순서대로 하기만 하면 되는 것이 아니라,

처음부터 모든 과정이 그야말로 정성과 솜씨가 깃들여야 한다.
하긴 한겨울 반 식량을 준비하기가 그리 쉽겠는가.
부녀자들로서는 김장을 끝내고 나면 겨우살이 준비를 끝냈다는
안도감이 들 정도로 김장일은 가장 큰 연중행사다.
이틀씩 힘들여 담근 것을 비닐에 담고 박스로
곱게 포장을 해서 내 손에까지 직접 보내왔으니,
생각만 해도 주신 이의 인정이 따스하기 그지없고
쳐다만 보아도 입맛이 새롭게 돈다.
덕분에 그해 겨울은 내 좋아하는 김치찌개는 물론이요,
고향 음식인 콩가루 김칫국을 맛나게 먹을 수 있었다.

오병남 시집 출간에 부쳐

몇 해 전 경북 안동에서 발견된 〈원이 엄마의 편지〉는
어린 자식을 두고 요절한 남편에 대해 절절한 사랑과
애끊는 사연을 적은 망부가망(望)夫歌 작품으로
세인들에게 감동을 주고 입에서 입으로 퍼져 나갔습니다.
450여 년의 세월이 흘렀지만 쉬운 한글체 문장이기에
읽는 이의 가슴을 짜릿한 아픔으로 저리게 했습니다.
현대시 서정주의 〈귀촉도〉 역시 대표적인 망부의 노래입니다.
오병남 님의 작품들을 살펴보면서 위의 시편들이 떠올라
휑한 바람이 소용돌이치며 한참을 생각에 잠겼습니다.
우리 인생사에 하고많은 이별이 있건만 평생을 함께할
배필을 떠나보내는 영결만큼 아픈 이별도 없습니다.

오병남 님은 2018년 초에 낭군님 조경행 박사를
폐렴으로 열흘 남짓한 사이에 황망히 떠나보내셨습니다.
말 그대로 믿을 수 없는 청천벽력의 생이별…
평판이 자자할 만큼 끔찍이도 금실 좋은 부부였기에
사별死別 열 달 삼백여 일 만에 400편이 넘는 글을 쓰셨습니다.

프롤로그에서 밝혔듯이 시가 무엇인지 읽어보지도 못했고,

써본 경험이라곤 더더욱 없는 저자로서는

끓어오르는 못다 한 정을 그냥 적어본 것이라 했습니다.

두툼한 대학 노트 네 권을 연필로 써서 꽉 채운 하나하나의

글들엔 진솔하고 소박한 추모의 정이 넘쳐흘렀습니다.

처음으로 적어본 글들이기에 아직은 표현이 미숙하고

시적 구성이 부족한 면이 있지만, 남편에 대한

헌정시집에 의미를 두고 출간을 강력히 권유했습니다.

천성이 착하고 어질기 그지없는 죽마고우 조경행 박사…

이 시집은 세상에 왔다 가신 그의 뚜렷한 흔적입니다.

'황혼 이혼'이라는 새로운 말이 생겨나는 이 시대,

오병남 님의 〈**당신은 나에게 선물이었습니다**〉

이 한 권의 시집이 현대의 많은 부부들에게

작은 본보기가 되었으면 합니다.

2018년 봄에

낭산 이기순 삼가 적음

설상가상雪上加霜

설상가상雪上加霜이랄까, 호사다마라 해야 할까?

생활 속에서도 엎친 데 덮친 격이라는 말을 실감할 때가 있다.

예전에 고창 선운사 여행 때 겪은 일이다.

선운사 경내를 돌아보고 개울 건너 녹차밭을 거니는 중에

난데없이 휴대폰이 울려댔다.

주차장에 두고 온 차량이 크게 파손됐다는 뜬금없는 얘기였다.

평촌에 있는 농수산물센터로 일행들이 집결했다가

주말엔 주차비가 없다기에 차량 세 대를 그곳에 두고 왔는데,

급발진 차량 사고가 일어나 10여 대가 파손됐다는 내용이었다.

그중에 우리 일행의 차량 두 대가 피해를 본 모양이다.

서너 시간 전에 선운사에 도착해 점심을 끝내고 이제 막

둘러보기 시작하는 참인데 이게 웬 날벼락 같은 소리더냐.

수십 통의 통화 끝에 평촌의 정비소로 보냈으나

마음은 영 편하질 못하고 입맛만 씁쓸할 따름이다.

다음 날 일정을 좀 서둘러 일찍 올라가기로 하고

공음면 청보리밭과 고인돌군을 거쳐

오전에 고창읍성까지 들렀다.
읍성을 돌아 돌층계를 내려오다 내가 그만 헛발을 디디었다.
순간 왼 발목이 꺾이고 그 자리에 주저앉아
한참을 주무르고 나서야 일어설 수 있었다.
점심 먹고 나니 통증이 심해 오고
걷기가 이만저만 불편한 게 아니다.
부서진 차도 그렇고 다친 다리도 그렇고, 일단 빨리 올라가자.
이른 시간인데도 막히기로 유명한 서해안고속도로는
이날도 예외 없이 대천을 지나면서 정체되기 시작했다.
겨우겨우 서해대교쯤에 이르렀을까,
이번에는 속이 막히고 울렁거려 토할 것만 같게 괴로웠다.
고창읍 내 맛집에서 점심을 한정식으로 잘 먹었는데,
비싼 음식 소화하기가 아까웠던 탓인가 체증이 되어 버렸다.
다친 다리는 쑤시고 속은 체해 버리고…
그래 고속도로를 빠져나와 우선 약국을 찾아가야지.
약을 짓고 붕대를 사서 다리에 감고,
안양에 도착하니 벌써 어둠이 짙게 내려오고 있었다.
차는 차대로 사고를 당하고
몸은 몸대로 따로 다치고 체하고.
이중삼중으로 예기치 않은 일을 겪고 보니 마치 알 수 없는
심령의 세계에서 혼돈 속에서 헤매는 듯한 느낌이다.
이런 일을 일러 설상가상이라고 해야 하나.

다친 다리는 다행히 뼈엔 이상이 없고 인대만 많이 늘어났다기에 한의원 치료를 받으며 목발 신세를 지고 있다.

2006년

어느 어린이날

오래전 2004년 어린이날 얘기다.
문학기행 자료사진 촬영으로 전북 부안의 개암사엘 들렀다.
개암사는 조선 시대 시기詩妓 매창의 시집을 목판본으로 처음
간행하여 오늘날 그녀의 이름을 남기는 데 큰 역할을 한 곳이다.
절집엘 들러 사진을 담고 스님과 이모저모 얘기를 나눈 후
주차장으로 나와서 차의 시동을 걸고 출발하려 할 즈음이다.
절 쪽에서 어린아이 하나가 악을 쓰다시피 울어대면서
뛰어 내려오며 엄마를 불러대고 있었다.
휴일이라 절이며 주차장이며 1킬로미터 가까운 거리엔
꽤 많은 나들이객이 붐비고 있었다.
어린이날을 맞아 모처럼 부모 따라 나왔다가
그 인파 속에서 손을 놓친 것이었다.
생일날 초상初喪난다더니 하필 어린이날에 애를 잃어버리다니,
부모는 부모대로 아이는 아이대로 당황스러운 심사가 어떠할까.
남매를 데리고 온 부부가 아이를 붙잡고 이것저것 물어댔지만,
아이의 말을 제대로 알아들을 수가 없었다.
처음에는 말 배우는 게 늦은 아이려니 생각했는데, 몇 마디

들어 보니 아예 발음이 되지 않는
말더듬이 농아였다.
순간적으로 방정맞은 생각도 퍼뜩 떠오르는 게 사실이다.
하도 세상이 살기가 어렵다니까,
요새 버려지는 아이들이
적지 않다는 보도가 심심치 않다.
얼마 전에도 공항에서 아이를 떼놓고 줄행랑치던
젊은 엄마가 카메라에 찍힌 일도 있고,
바로 엊그제만 해도 세 남매를 방 안에 며칠이고
방치해 버려 이웃에서 신고한 일이 있지 않던가.
육신이 멀쩡한 아이도 내둘리기 일쑤인데,
말 못 하는 자식이라서 혹시 이 아이도
불행한 경우는 아닐까 의구심이 일어난다.
생각 탓인가, 아이의 차림새를 보니
번듯한 모습이 아닌 것 같다.
아니다. 실종된 자식을 찾느라 가업도 팽개치고
몇 년을 전국으로 헤매며 찾아다니는
부모들이 얼마나 많은가.
자식 사랑은 부모의 본능인데,
지금 이 순간 이 녀석을 찾는
부모의 심정을 헤아린다면,
내 생각은 불손하기 짝이 없다.

경박한 생각 자체가 불순한 일이다.

아이에게 대답을 들을 수 없으니,
몇 사람이 더 물어보다가
곤란한 표정을 지으며
바삐 제 길을 서둘러 가고 마는 것이었다.
나 역시 바쁜 일정이지만 그렇다고 그냥 지나칠 수는 없었다.
울어대는 녀석을 살살 구슬려 말을 붙여본다.
말을 못 하는 아이에게 설명식의 답변을 요구해서는 안 된다.
'예'와 '아니오'로 대답을 유도하는 것이 효과적이다.
나이가 다섯 살이냐는 물음에 고개를 가로젓다가,
여섯 살이냐는 말에는 고개를 앞뒤로 끄덕인다.
집이 어디냐며 근처 지명을 내가 아는 대로
말을 붙여보지만, 이 말에는 영 못 알아듣는 모양이다.
우는 아이를 달래가면서 이런 방법으로,
아빠와 엄마, 누나
이렇게 넷이 왔다는 것과 자동차를 타고
왔다는 정도는 알아낼 수는 있었지만
그 이상은 더 확인할 수가 없었다.
이것만으로 부모를 찾아주기는 쉽질 않을 것 같다.
제 집 주소나 전화번호도 물론 알지 못했다.
'어린 것들 데리고 나오려면 이름, 주소, 전화번호를 적어

목걸이든 명찰이든 꼬리표라도 달고 나와야지.'
나 혼자의 푸념이었다.
경찰서에 데려다주라고 주위에서 떠들어댔다.
그러나, 아이를 싣고 이곳을 떠나면 이 녀석은
부모 찾기가 더 어려워진다.
오다가다 부모와 길이 어긋나면
정말 미아가 되고 말 것 같다.
시간이 걸려도 이곳에서 부모를 찾아보고,
혹시 찾지 못하는 한이 있더라도
여기서 종일이고 더 기다려야 한다.
부모가 찾아 헤매다가 결국 처음 헤어진 것을 찾아오기
마련일 테니, 한 곳에 죽치고 있으면 그게 상책이다.
아이를 데리고 절에 다시 가서 찾아볼 계산을 하며,
내 일행에게는 주차장 입구를 지키며 드나드는 차량을
모조리 확인해 보라고 부탁했다.
우는 녀석을 안아 내 차에 태우고
절 쪽으로 방향을 돌리는데,
마침 30대 정도의 젊은이가
헐레벌떡 내려오고 있었다.
첫눈에 아이의 아빠임을 직감할 수 있었다.
"아이 아빠인가요?"
한순간에 아이가 없어져 찾는 중이라며 멋쩍어했다.

이마에 땀을 씻으며 안도의 숨을 몰아쉬는 모습을 보자,
잠시나마 아이의 부모에 대해 언짢은 생각을 했던
나 자신이 오히려 더 미안스러웠다.
"여보시오, 어린이날 아이 잃어버리겠네.
명찰이라도 좀 달아서 데리고 나오든지, 원."
아이를 아빠에게 넘겨주고서야 두어 시간만에
바쁜 내 길을 서둘러 나올 수 있었다.

마지막 황녀皇女 덕혜옹주

푸르름이 짙어가는 5월, 남양주시 금곡동 앞산 끝자락엔
하얀 찔레꽃 한 무더기가 외로운 영혼으로 서럽게 피어 있다.
조선의 마지막 황녀 덕혜옹주를 만나러 가는 길은
오랜 세월 잊고 살았던 산꿩이 푸드덕 날아가고
혼곤한 뻐꾸기 울음이 아득한 역사 속으로 발길을 인도한다.
고종 황제의 홍릉을 스치고 오른편 능선을 넘어서서
영친왕의 영원재실을 지나 조금 더 오르면 덕혜옹주의 유택…
덕혜옹주는 일한병탄 이후인 1912년에 태어났다.
국권을 빼앗기고 실의에 빠져있던 고종이 회갑에 이르러
얻은 늦둥이 외동딸이기에 더없는 금지옥엽의 존재였다.
그러나, 나라를 잃은 뒤의 출생이기에 옹주의 불운한
일생은 이미 예견되어 있음을 가늠하기 어렵지 않다.
고종에게는 9남 4녀의 자식이 있었지만 대부분 어려서 죽고
순종, 영친왕, 의친왕, 덕혜옹주 등 3남 1녀만이 남았다.
나라 없는 황실 가족은 일반 백성보다도 더 힘들고 참혹했다.
왕세자 영친왕이 신교육이란 미명하에 볼모로 일본에
끌려갔는데 덕혜옹주 역시 13세 되던 1925년

같은 운명의 길을 걸으며 왜국에 잡혀간 것이다.
부왕의 독살로 인한 불안과 공포, 철저한 감시와 통제 속의
생활에다 조국에 대한 향수병, 어머니 귀인 양씨의 죽음 등,
어린 나이에 불운이 겹치면서 우울증과 실어증까지 몰고 왔다.
일본은 조선왕실의 멸실과 황국신민화 정책의 일환으로
19세의 덕혜옹주를 네 살 연상인 대마도 번주
소다께 유키宗武志와 강제 결혼시켰다.
이듬해 딸 마사에를 낳고 20여 년을 살았으나,
마사에가 24세 되던 해 자살하겠다는 유서를 남기고
가출하여 종적을 감춘 뒤 일체의 신상이 알려진 게 없다.
타국에서의 유폐된 삶에다 딸까지 잃게 되매 덕혜옹주의
정신질환이 심해지자 남편에 의해 정신병원에 입원되어
10여 년간 감금 생활을 하면서 심신이 황폐해 갔다.
43세 되던 1955년엔 이혼까지 당하기에 이르렀다.

조선 왕조 마지막 하나뿐인 황녀 덕혜옹주…
파란만장한 그녀의 삶은 참으로 기구하고 혹독했다.
해방이 되어 오빠 영친왕과 함께 귀국을 시도했으나
이승만 정부가 왕정복고를 두려워하여 허락하지 않았다.
광복 17년이 지난 1962년이 되어서야 50세의 나이로
오매불망 그리던 고국으로 들어올 수 있었다.
일본으로 끌려간 지 37년 만의 긴 세월이었다.

낙선재에 머물며 혈육 하나 없이 외롭게 지내다 보니
정신병이 악화되어 7년간을 서울대병원에 입퇴원을
반복하다 1989년 77세를 일기로 비운의 생을 마감했다.
옹주께서 맑은 정신일 때 썼다는 하냥 애잔하고
마음 쓰린 한 편의 글귀,

나는 낙선재에서 오래 살고 싶어요.
전하, 비 전하, 보고 싶습니다.
대한민국 우리 나라.

역사의 뒤안길에 묻혀 잊혀졌던 덕혜옹주를 세인들의
기억 속으로 각인시킨 것은 여류작가 권비영 여사가
2009년에 소설 '덕혜옹주'를 발간한 것이 계기가 되었다.
국왕과 황실 옹립은 오늘날에도 영국 일본을 비롯하여
중동이나 동남아 여러 나라에서 계승되고 있다.
국왕을 존치한다고 해서 과거 군주제도에서의 전권을
행사하는 통치자의 권능을 부여하자는 것이 아니다.
국가의 정통성을 유지하고 온 국민들이 일체감을 가지고
총화단결할 수 있는 정신적 구심체로서의 긍정적 기능을
국왕 제도가 행해지는 그들 나라에서 볼 수 있지 않은가.

느리게 천천히

사람에게는 자연과 다를 바 없는
여러 가지 길들이 있습니다.
아무런 장애물 없이 순탄하게 펼쳐져 있는
고속도로가 있는가 하면, 계곡을 넘고 또 가시덤불을
헤쳐나가야 하는 오솔길 인생도 있습니다.
그 길을 선택하고 걸어가야 하는 주체는 바로 우리 자신입니다.
자신의 결정에 따라 우리 앞에 놓일 길이 결정되는 것입니다.
많은 사람은 고속도로를 통해 순풍에 돛단 듯 순탄하고
편리하게 그리고 빠르게 인생길을 가려고 합니다.
덜커덩거리는 자갈길이나 힘겨운 언덕길
그리고 발아래 가시덤불이 있는 오솔길은
우매하고 어리석은 자가 가는 길이라고 단정 짓습니다.
물론 모두가 여유 있어 고속도로를 타고
빨리 목적지에 도달할 수 있다면 좋겠지요
그렇지만 솔바람과 산새들의 노래를 음미하며 오솔길을
헤치고 지나온 사람의 기쁨과 보람은 알 수 없을 겁니다.
빨리 쉽게 도달한 자는 그만큼 빨리

허탈감에 빠질 수 있다는 말입니다.

좀 더 편한 것 좀 더 쉬운 것을 찾아 우리 스스로 우리 삶의
깊이를 너무 단조롭게 하는 건 아닌가 생각해 봅니다
누구나 단계적인 길보다는
한 번에 오를 수 있는 길을 가려고 하는데
과연 그것이 우리의 삶에 무슨 이득이 있을지,
한 걸음 한 걸음 다가가면서 느낄 수 있는 만족감과 행복감을
우리 스스로가 저버리지는 않는지 말입니다.
좀 늦게 가는 것이 창피한 일은 아닙니다.
사막의 낙타는 천천히 가기에
무사히 목적지에 닿을 수 있습니다.

인연因緣

우리는 옷깃만 스쳐도 인연이라는 말을 한다.
그 인연은 오랜 겁劫의 결과물로 이루어진다고 했다.
겁이란 아주 긴 시간이다.
사방 십 리의 넓이에 작기로 소문난 겨자씨가 가득 있는데
이를 100년에 한 번씩 날아오는 새 한 마리가
다 먹어 치우는 기간이 겁이란다.
또 다른 표현으로는 사방 십 리의 넓은 바위에
100년에 한 번씩 천사가 내려왔다 가는데
이 바위가 다 닳아 없어지는 기간이 바로 겁이라는 것이다.
더 쉽게는 천지가 개벽했다가 다시 개벽할 때까지의
동안으로 나타내기도 한다.
어느 설명이든 가히 상상하기 어려운 기나긴 시간이다.

우리는 그 긴 시간을 통해서 이루어진 인연을
하루에도 셀 수 없이 접하게 된다.
아침에 집을 나서면서 스치는 사람들을 숫자로 세기도 쉽지 않다.
그런데 그 만남이 한줄기 홍모가 되어

금방 날아가 버린 경우가 있는 반면에 오랫줄 보다
더 단단한 계기로 확대되는 경우도 있다.
만남 그 자체로 의미만 남기고 사라지는 인연을
소연消緣이라고 한다면, 끊을래도 끊을 수 없이
성장하며 앞으로 나아가는 인연을 진연進緣이라 할 수 있다.
소연은 인연의 순간이 처음이자 마지막이어서
이를 정점으로 시들어 사라지는 것이다.
진연은 인연의 순간을 시작점으로 점점 확대 발전되는 것이다.
인연의 만남은 자신의 의지와 무관할 수 있지만
인연의 이후는 각자의 의지와 연관이 있다.
그 만남의 인연을 늘리고 줄이는 것은
관계인들의 각별한 관심의 산물이 된다.
마치 한 그루의 나무를 가꾸지 않으면 그대로
시들어 죽지만 마음을 쏟아 가꾸면 꽃을 피우고
새싹이 돋는 것과 같은 이치이다.

소록도의 천사들

요즘 방송되고 있는 공익광고 이야기다.
푸른 눈을 지닌 이방인 수녀 두 분 마리안느와 마거릿
오스트리아 출신으로 간호학교를 나온 두 사람은
1959년과 1962년 차례로 조국을 떠나
머나먼 아시아의 작은 나라 한국의 외딴섬에 와서
버림받은 한센인들을 위해 일생을 모두 바쳤다.
소록도는 고흥반도의 끝 녹동항 건너편에 위치
한센인 나환자를 수용하고 있는 곳이다.
조각배를 타고 한번 들어가면 죽어서도
돌아 나오지 못하는 곳 소록도.
그 이름만 들어도 가녀린 '아기 사슴의 눈물'이 떠오르면서
많은 이들의 가슴에 애련과 통한의 슬픔을 안겨주었다.
얼굴도 몸뚱아리도 함께 문드러지는 문둥병은 치료 후에도
그 보기 흉한 흉터로 인해 가족들조차 받아주지 못하고
부정적 인식으로 세상도 외면하는 천형天刑의 질병이었다.

그러나 두 수녀님은 장갑도 끼지 않은 손으로

환자들의 피고름 상처를 어루만지고,
고국에서 보내온 생활비마저 환자들을 위해 내놓으면서
한센인들의 치료와 뒷바라지에 한 평생을 바쳤다.
20대 꽃다운 나이에 들어와 40여 년의 오랜 세월이 지나고
그들도 노년의 나이에 접어들었다.
나이가 들어 환자들을 돌보기는커녕 오히려 자신들로 하여금
짐이 될 수 있다는 생각에 쪽지 한 장만을 남긴 채
들어올 때 들었던 가방만을 가지고 슬며시 떠나버렸다.
우리 정부에서는 두 분 수녀님 모두에게 1972년에 국민포장을,
1996년에 국민훈장 모란장을 수여했다.
고국으로 가신 그들 중 한 분은 요양병원에 들어갔다 하시고
또 다른 분은 수도원 작은방을 한국에 관한 온갖 전시물로 가득
채워 놓고 소록도에 추억을 반추하며 지내신다고 한다.
병들어 고통받는 환자들을 위해 자신을 버렸던 것은
인종을 초월한 숭고한 인간애와 참된 신앙의 힘이 아니겠는가.
소록병원 뒤뜰 중앙공원의 두 분 공적비 앞에서니
거룩한 희생과 봉사에 마음마저 숙연해진다.
같은 공원 뜰엔 나환자 시인 한하운의 대표시 '보리피리'의
애절한 시편 전문이 하얀 너럭바위에 기록되어 있다.

2018년

또 하나의 향수 동해 삼척

흔히들 남자들이 평생 마음속에 소중히 간직하고 있는 것에
태어나 자란 고향과 가슴 설레던 첫사랑이 있고
또 하나 사회 첫발을 떼며 3년을 복무하던 근무지가 있다.
내게는 이 세 가지 중 어느 것도 덜함이 없는 것 같다,
그래 수평선이 눈망울에 아른거리고 파도가 그리워질 땐
언제든 훌쩍 동해시와 삼척을 찾아간다.
야간 군용열차를 타고 초여름 아침 북평역에 내린 것이
인연이 되어 32개월을 삼척은 내 보금자리가 되었다.
동해시 추암 촛대바위에서 반년,
공양왕릉이 있어 궁촌이라 했는데 그곳에서 또 반년,
그리고 나머지 2년 가까이는 용화해수욕장 마을에서
외지고 한적한 해안 분초 초병 생활을 이어나갔다.
겨울에 온기 없이 싸늘한 방을 가리키는 옛 속담에
'삼척 냉골'이라는 말이 있듯이 삼척은 그 아래 울진과
더불어 내륙에서 가장 외지고 먼먼 곳으로 인식되었다.
고려 마지막 임금 공양왕이 유배되어 생을 마친 곳이요
120여 명의 공비가 침투한 것도 험준하고 외진 곳이라는

지리적 약점을 십분 이용한 소이所以라 할 수 있겠다.
당시 서울 기준으로 가장 먼 곳이 바로 이 지역이다.
서울로 통하는 교통은 하루 몇 차례의 영동선 열차뿐이고
해안선을 따라 부산-강릉 버스가 운행되기에
삼척 남부 지역은 객지로 나가는 것이 거의 부산이었다.
삼척은 바다와 어우러져 풍광이 아름답고 수려하다.
추암 촛대바위로부터 남쪽으로 해안선을 따라 내려가면
삼척읍 정라진항엔 전부터 곰치해장국이 유명하고
펄펄 뛰는 온갖 바닷것들이 풍성하기 이를 데 없다.
내려가면서 근덕해수욕장, 공양왕릉의 궁촌,
마라토너 황영조의 집이 있는 초곡, 그리고 용화마을이다.
더 내려가면 한국의 나폴리 장호항, 해신당과 남근공원이 있는
신남마을, 고개 너머엔 생선횟집이 늘어선 임원항,
공비가 침투했던 울진과의 접경지역 고포마을 등등,
동해안에서 해안 절경이 가장 뛰어난 곳이 삼척지방이다.

그 중에서도 용화 마을은 조용하고 자그마한 어촌마을이다.
서쪽은 백두대간의 줄기들이 바다 가까이까지 내려와
농토가 별로 없고 바다에 주로 의지하는 형편들이었다.
마을 남쪽 끝 향나무 거목이 둘러선 해신당을 지나
다양한 형상의 바위들이 바다를 향해 늘어선 그 언덕에
작고 아담한 해안 분초가 자리하고 있었으니

그대로 마을의 일부라고 봐도 좋을 정도다.
마을 집들과는 몇백 미터의 거리라서
식수도 마을 우물에 가서 물지개로 져 날랐다.
그러다 보면 마을 사람들과 일상적으로 접하게 되었다.
아침 일찍 배가 그물을 걷어 포구에 들어오면
분초를 향해 생선 가져가라고 부른다.
잡고기들이지만 분초원들이 실컷 먹을 만큼 종종
양동이에 나누어 주었고, 마을에 제사가 있는 날은
가끔 분초원을 죄다 불러 음식을 먹이곤 했다.
산비탈 밭자락 농사일이 바쁠 때면 도와주기도 하고.
동네 청년들이 방위병으로 저녁이면 우리와 함께
해안 경계 근무를 하기에 그들과도 친근하게 지냈다.
이렇게저렇게 2년 가까이 주민들을 대하다 보니
아이고 어른이고 마을 사람 대부분을 알게 되었다.
특히나 구멍가게 아저씨가 나와 동성동본이라고
반가워하면서 음양으로 많은 도움을 주었다.
수요일 건빵, 일요일 라면으로 점심을 하게 될 때는
불러서 밥을 차려주기도 했으니 이분들과는 평생
친척처럼 가족처럼 연락하며 지내왔다.
아내와 함께 내려가서 이틀씩 묵다 보면 올라올 때는
건어물이고 농산물이고 바리바리 차량에 가득 챙겨주셨다.
서울 올라오셔서 구경도 함께 다니고 큰형님처럼 모셨왔다.

동네 사람들도 더러 서울 오면 전화해서 만나보기도 하고
한 사람은 서울에서 살고 있어 가끔 연락하며 지낸다.
오랜 세월이 흘렀지만, 삼척 이야기는 끝도 없다.
수평선 너머로 오징어 배의 불빛이 주마등처럼 떠오를 때면
갯마을의 풍경도 후덕한 인정도 또 하나의 아련한 향수가 된다.

또 하나의 향수 용화마을의 해변

산수山水와 문사文士의 고을 영양

내 나라 내 땅이 거룩하여 한생 떠돌아다니기를 업業으로
삼다 보니 산 찾아 물 따라 영양 고을을 가끔 들르게 된다.
천혜의 경관을 둘러보기 위한 여행길일 수도 있고,
마음두고 찾는 답삿길일 경우도 있다.
우리 문학사를 대표하는 인물 중에 유달리 이 고장 출신
문사들이 많은 까닭에 문학기행 차 찾기도 하려니와,
준험한 산세와 아름다운 풍광에 매료되어 발길을
재촉한 적이 어디 한두 번뿐이랴.
내 의식 속에 담겨있는 영양英陽의 이미지는 강릉,
통영과 함께 3대 문향文鄕의 한 곳이요,
백두대간과 낙동정맥의 품속에 안온히 안겨 산골나그네의
발길을 유혹하는 정깊은 산향山鄕이다.
인재를 낳는 것은 지세라 했는데 굳이 풍수를 거론하지
않더라도 일월산 정수리에 오르면 그 신령한 기운에
그대로 고개가 끄덕여진다.
맨 처음 비쳐 오르는 일자봉 아침 해가 허다한 인물들을 만들어
내고, 월자봉 덩두렷한 저녁달이 천혜의 산수를 빚어냈고나.

이 고장이 배출한 문인들의 이름을 어찌 손가락
몇 개로 꼽을 수 있겠는가?

조지훈 선생과 오일도는 재론의 여지 없이 현대시단의
정점을 화려하게 장식하는 두 거목이다.
청록파의 지훈은 자연시인이며 동시에 걸출한 민족시인이다.
해박한 학식과 덕망으로 겨레의 정서를 노래한 점에서는
전통시인이며, 칼날 같은 지조를 목숨보다 소중히 여기는
'검남劍南'의 한양 조씨 후예답게 지사적 풍모를 지키며
권력에 저항하여 정의를 실천한 면에서는 절의시인이다.
민족문화연구소를 설립하여 국학 연구에 선도적 역할을
주도했으니 그는 또한 겨레의 스승이었다.
한국문학의 사적지로 자리매김한 지훈 선생의 향리 주실마을.
노거수의 느티나무 팽나무가 어우러진 예전의 마을 당산엔
지훈 시비가 들어서고, 이제 지훈문학관도 건립되면서
이 고적한 산골에 많은 이들의 발길이 줄을 잇는다.
장군천 개울을 건너 양지바른 산자락 여기저기에 오랜
한옥들이 즐비하게 늘어선 풍경은 한 눈에도
유서 깊은 마을임을 쉬 알 수 있다.
오래전 처음 찾았을 땐 뻐꾸기 울음만 가득한
여느 산촌의 정경이었는데, 그다음 발길에서는 생가 호은 종택과
온 마을이 단장 공사로 수선하더니, 문학관 준공에

참석했을 때는 전통한옥마을로 마무리되고
문학의 고향으로 발돋움한 모습이었다.
주실 마을에서만도 인문학 분야의 석학들과 문인들이
상당수 배출되었다 하니, 이쯤이면 가히 인문학의
요람이라 해도 좋을 법하다.
문필봉을 바라다보면 과연 지훈 같은 문사文士
몇 명쯤은 낳을 만한 지리地利라는 느낌이 든다.

오일도는 1930년대 〈시원詩苑〉을 창간하여 일제하에서
민족의 정서를 올곧게 지켜온 서정시인으로,
지훈을 서울로 불러올려 문학의 길로 인도한 인물이다.
어느 해 겨울 끝자락 시린 손끝을 비비며 오일도 생가를 찾아
감천리에 들렀을 때, 마침 제사 음식을 준비하던
주인에게 방으로 불려 들어가 점심 대접까지 받은 일이 있다.
그때의 후덕한 인정은 두고두고 영양에서의 고운
추억으로 기억된다.
또 다른 길엔 솟을대문 서까래에다
집을 짓고 새끼에게 먹이를 물어오는 어미 제비 모습을
툇마루에 걸터앉아 한동안 지켜본 적도 있다.
제비 가족이 안락한 삶을 누릴 수 있는 이 땅의 마지막
동네가 아직도 그곳엔 남아 있는 것이다.

어느 방향으로 들어오거나 영양 지방을 들어서면 보이느니
온통 산과 산뿐으로, 하늘 열 평에 사람이 깃을 틀고
살만한 터는 고작 세 평 정도의 한적한 산읍 풍경이
마치 내 고향과 너무나 닮은 모습이다.
그래 그곳에 가면 고향의 푸근함과 안온함을
느낄 수 있어 편안한 발길이 되곤 한다.
산수 간에 노닐기를 즐기는 이들에겐 전라도엔 무진장
(무주 진안 장수), 강원도엔 영평정(영월 평창 정선),
경상도엔 BYC(봉화 영양 청송)가 있다고들 한다.
산 높고 골 깊은 두메를 지칭하는 대명사로 그들에겐
언제나 꿈꾸고 그리워하는 이상향으로 노스탤지어의
근원이요 마음의 고향이기도 하다.
자연은 삼라만상을 잉태시킨 생명의 원천이기에 모든
생명체는 그 근원을 그리워하고 찾아가려 한다.
하물며 정신과 영혼의 유기체인 인간임에랴.
자연은 어머니의 자궁과 같은 영혼의 안식처요
오지는 방랑자의 종착지인 구원의 대상이다.
문명의 편리 속에서 물질의 풍요를 넘치도록
구가하면서도 현대인들은 언제나 가슴이 시리도록
텅 빈 허허로움을 떨치지 못한다.
우주 시대의 초라한 군상들이다.
연어가 모천으로 회귀하는 것도 여우가 태어난 굴을

향해 머리를 두고 죽는다는 수구초심首丘初心도
모두 자신의 모태를 향한 귀소본능이다.
내가 나서 자란 소백 줄기 박달산은 육신의 살을 키워주고
에둘러 흐르는 달래강은 피를 만들어 주셨다.
사시장철 푸른빛으로 하늘과 맞닿은 산봉우리는
맑은 영혼을 길러주고, 뫼 버들과 철쭉으로 화사하게 물든
계곡은 티 없이 고운 시심을 잉태시켜 주었다.
아름다운 산수와 자연은 사람의 심성까지도
어질고 순박하게 만드는 게 하늘의 이치다.

왕피천의 발원이 되는 수하계곡의 산수미는 너그러운
인품을 만들었고, 선바위의 절경은 재주와 기예가
넘치는 영양 사람들을 낳았다.
내 주변엔 영양 출신의 지인과 문인들이 여럿 있다.
그들 모두 한결같이 정이 깊고 신망이 두터운 분들이다.
그래 서로 간에 오랫동안 뜻을 같이하며 친교를 나눈다.
원초의 자연이 살아 숨 쉬는 곳, 문학이란 인연으로
낯설지 않은 곳이기에, 또 친숙한 사람들이 소중하게
여겨지는 까닭에 오늘도 내일도 영원의 보헤미안이 되어
영양 땅을 찾고 밟게 되리라.

영양중고 동창회보. 2008.

조지훈의 생가 호은종택壺隱宗宅
경북 영양군 일월면 주실마을 위치

양심적 병역 거부

요즘에 '대체복무' 얘기가 많이 거론되고 있는바,
개인적 소신이나 종교적 신념에 따라 병역 의무를 거부하는
행위에 대해 '양심적 병역 거부'란 용어를 쓰고 있다.
문제는 '양심적'이라는 용어의 개념에 대한 혼란이다.
'양심의 자유'라는 법률 용어에서 비롯된 것으로
유추할 수 있지만
일반 언어 대중들의 인식에 비추어 보면 단어 본래의 의미와는
상당히 동떨어진 뜻으로 변질되어 쓰이고 있다.
국어학적으로도 적절한 용어는 결코 아니다.
애초에 용어 선정 시 우리 어법에 대한 무뢰無賴한 사용을
일반 언어 대중이 따라 쓴 결과 해괴한 용어가 되어 버린 것이다.
우리말 단어의 본래 의미에 따라 살펴보면
'양심적으로 판단해 보니 병역 의무가 잘못된 제도로
판단되기에 군 복무를 거부한다'는 뜻으로 해석된다.

'양심'에 대한 반의어는 '비양심'이 된다.
그렇다면 병역 거부자에 대해서는 양심良沁의 소유자로

긍정적 판단을 인정한 결과가 되고
상대적으로 병역 복무자는 비양심적 존재라는
역설적인 의미로 해석될 수도 있다.
우리나라는 국민 개병제로 병역은 국민의 신성한 의무다.
어떤 이유로든 신성한 병역의 의무를 거부하겠다는 것은
과거 기성세대들로서는 감히 상상조차 할 수 없는
반국가적 반사회적 사고思考와 행위로 받아들일 수밖에 없다.
단정적으로 말하면 용어부터 정리해야 한다는 생각이다.
'양심적'이란 표현 대신 '신념'이나 '소신' 등
다른 용어를 사용해서 병역 거부의 근거를 명확히 해야 한다.
대체복무에 대한 구체적 방법까지 확정이 되었다만
종교적 신념을 내세워 제도를 악용할 가능성도 배제할 수 없다.
또래의 타인들이 힘써 이루어 놓은 안보라는
결과물을 무임승차하려는 사람에게는
군 복무 이상의 무거운 책임을 지워야 할 것 같다.
국가가 건재할 때만이 개인의 존재 여부도 가능한 것이다.
현역으로 입대해 오랜 기간 온갖 수고를 마다않고
국토방위의 거룩한 의무를 수행하는 장병들의 사기를
저하시키지 않기 위해서, 또 그들에게 허탈감을
느끼지 않도록 하기 위해서도 엄격한 대응조치가 있어야 하겠다.

호두알의 작은 행복

사무실 뒤뜰에 호두나무 한 그루가 있다.
높은 건물에 가려 햇볕을 제대로 보지 못한 탓에
남향으로는 가지가 뻗치지 못하고 북쪽으로 기울어져 있어
나무의 전체 모양이 균형을 잃은 모습이다.
그나마 지난봄에 가지를 쳐내면서 무식하리만치
윗동을 잘라내어 해괴한 몰골이
보기에도 여간 안쓰러운 게 아니다.
아무리 말 못 하는 나무일지언정 저렇게 팔다리를
무작정 잘라 버리면 어찌 제대로 생명을 부지하겠는가.
예전 같으면 그래도 나뭇가지 여기저기에
적지 않은 호두가 주렁주렁 달렸을 텐데
건물 위층에 올라가 아무리 샅샅이 뒤져봐도
가지에 달린 호두가 너무 듬성듬성이었다.
햇볕도 제대로 쬐지 못하는 중에 상처투성이의
몸뚱어리를 가지고도 힘겹게 몇 개의 열매를 맺었다.
종족 번식의 본능과 생명력이 저리도 강한가 보다.

호두나무는 이 가을날 내 희망의 표상이다.
틈만 나면 호두나무 밑을 어슬렁거리며
보물이라도 찾으려는 듯 낙엽을 뒤지곤 한다.
행여 호두알이라도 하나 만날까 하는 기대감에
가을 내내 행복한 꿈을 간직할 수 있기 때문이다.
올해야 호두나무가 심한 몸살을 앓고 있기에
나의 바람이 무모한 것인 줄을 알면서도
이 가을 내내 틈만 나면 호두나무 밑을 뒤지곤 했던 것이다.
낙엽이 이른 호두나무는 벌써 앙상한 모습을 드러내는데
맨 꼭대기에 마지막 한 개만이 대롱대롱 매달려 있을 뿐이다.
조금 전 일상의 버릇처럼 호두나무 밑에서 서성거리는데
그 한 알이 내 발밑으로 뚝 떨어져 내리는 것이 아닌가.
이런 횡재가 어디 있나.
오늘은 운수대통 그야말로 대박이 터진 날이다.
호두 한 알로 오늘 하루 종일 기분이 좋고
모든 행운이 내게로 쏟아져 내린 것만 같다.
호두알이 주는 작은 행복감에
가을 하늘이 더 푸르고 높게만 보인다.

2008년

길 따라 떠나는 문학여행

이 땅에 태어난 숙명 하나로 국토의
구석구석을 누비고 다녀야 했다.
 발길에 스치는 풀 한 포기, 나무 한 그루,
돌멩이 하나까지도 우리 것이고 보면
어느 것 하나 소중하지 않은 것이 없다.
하물며 반만년의 유구한 역사를 지닌 내 나라
내 땅인데, 닿는 곳 모두가 유서 깊은 땅이요,
우리네 숨결이 깃들지 않은 곳이 어디 있겠는가.
허물어진 성터 깨진 기왓장에서 지난했던
역사를 회고하고, 대간 줄기의 기험한 봉우리에서는
거룩한 국토에 감읍하기도 한다.
뿐이랴, 세월의 이끼가 덮인 비석들을 쓰다듬으며
선인들의 지혜를 배우며 온고지정의 대화를 나누기도 했다.
그동안 찾아다녔던 흔적들을 모아
역사 유적은 「문화유산 탐방기」로 묶어내고,
우리 문학의 현장들을 뒤졌던 기록들은 이번에
「한국문학 답사 36」으로 간추려 놓았다.

여행은 아는 것만큼 보이는 법이다.
작가와 작품을 제대로 이해하기 위해서는 현장을 찾아 직접 확인하는 방법이 최선임은 말할 나위가 없다.
경향 각지에 흩어져 있는 문인들의 흔적을 일일이 살피고 뒤진다는 것은 생각만큼 쉬운 일이 아니다.
책상 앞에서의 자료 정리 정도 수준인 기존 문학기행의 한계를 벗어나기 위해 작가와 연고가 될 만한 곳은 최대한 직접 답사하는 방법을 택했다.
작가의 생가와 고택, 시비와 문학비, 문학관, 작품의 무대가 되는 곳은 물론 그들의 묘소까지 오랜 시일을 두고 찾아다녀야 했다.
특히나 묘소를 찾아가는 일은 꽤 힘든 고역이다.
인근 마을에 들러서 물어보기 일쑤인데, 촌로들에겐 문인들의 이름이 남의 이야기일뿐더러, 굳이 타인의 산소를 무어 기억할 필요가 있겠는가.
인적조차 끊인 겨울 산비탈을 몇 시간이고 헤매는 일이 부지기수였다.
방방곡곡에 산재한 우리 문학의 향기를 몸으로 호흡하느라 고단한 여정이기는 했으나, 타고난 산팔자 물팔자로 길 떠남을 즐기는 필자의 역마살이 도움이 되었음은 물론이다.
그동안 『문학저널』을 비롯해 『새교육』 『독서평설』

등의 월간지에 연재했던 원고들을 거두어,
현대문학 편은 제1부로, 고전문학 편은
제2부로 나누어 묶었다.
작가의 생애와 활동, 그리고 우리 귀에 익숙한 대표작들을
간단히 다루어 일반인들의 이해를 돕도록 했다.
이 한 권의 책이 일선 교육 현장의 교사, 학생들에게
작가와 작품을 가까이 느끼고 현장감 있는 문학 수업을
수행하는 데 도움이 되었으면 한다.
또한, 주말 여가생활이 늘어나면서 여행을 나서는
많은 일반인에겐 찾아가는 목적여행을 위한 안내서로,
문학 답사를 계획하는 분들에게는
작은 지침서가 되기를 바란다.

졸저 『한국문학 순례 대표 36선』 서문(2013년).

백두산 천지에서 아내와 함께(2006.8)

2
아내 일기

아내 그 소중한 인연

결혼 30년 동안 우리 부부는 별다른 충돌 없이
한 쌍의 금실 좋은 원앙처럼 살아왔다.
흔히들 얘기하는 천생연분으로 살려고 노력했다.
어느 부부인들 일생을 살아가면서
작은 갈등 하나 없이 지낼 수 있을까마는
서로 간에 상처가 될 만한 일이 없었다면
그런대로 축복받은 결혼 생활이라 할 수 있겠다.
어쩌다 우리 부부 사이에도 의견이 엇갈리면서
잠시 감정을 상하게 하는 경우가 더러 있기는 하다.
그러나, 지금 이 시간까지 아내가 심하게 미워지거나
보기 싫다고 생각된 적이 없었다는 것은 그만큼
아내의 존재가 내게 소중했다는 말로 대신할 수 있겠다.
억겁의 세월을 뛰어넘어 모래알보다 많은 사람 중에
두 사람이 선택되어 부부의 인연을 맺는다는 것을
인간의 유한한 지혜로 어찌 상상이나 할 수 있으랴.
무량겁의 인因과 연緣이 쌓이고 쌓인 결과로서
하늘의 특별한 점지에 의해서나 가능한 일인 것만 같다.

흔히들 농담으로 얘기하면서 다시 태어난다면
지금의 배우자와 또 결혼하겠느냐고
물어보는 경우가 있는데, 그때마다 나는
그럴 것이라고 스스로 대답하곤 했다.
그렇게 자답하면서 아내에 대한 내 나름의
점수를 매겨보면서 아내의 여러 가지를
이모저모로 돌아보고 살펴본다.

우선은 아내의 원만한 성품이 고맙고 다행스럽다.
아내는 언제나 마음이 부자였다.
살아가다 보면 부딪치게 되는 어려움이 어디 한둘이겠는가.
그럴 때도 여유를 잃지 않고 긍정적으로 수용하는
너그러움이 나를 편안하게 만들어 주었다.
어떤 힘든 일에도 얼굴을 찌푸리는 경우가 거의 없이
진인사대천명의 긍정적인 마음으로 대처해 나가곤 했다.
그런 모습이 고맙기도 하고 한편 대견스럽게 느껴지며,
내게 보이지 않는 힘과 용기를 북돋아 주곤 했다.
더욱이 가족에 대한 정성과 희생은 높이 평가할 만하다.
어느 아내, 어느 어머니가 남편과 자식에게 최선을
다하지 않을까마는 아내의 헌신은 그 어디,
그 누구에 비해도 추호의 덜함이 결코 없다 하겠다.
자식들의 어떠한 불평이나 나의 볼멘소리에도

여태껏 표정을 달리해 본 적이 없다는 것은
가족에 대한 사랑과 신뢰가 그만큼 크다는 뜻이리라.
이제 자식들을 다 키워내고 중년 나이에 이르렀는데,
무어 서로의 마음을 상하게 할 필요가 있겠는가.
역지사지로 헤아려 보면 매사가 이해되고 수긍이 갈 일들이다.
나이가 들어갈수록 부부 이외에 누가 더 있겠는가.
아내는 타고난 성품이 온후하고 인자하며 착한 여인이다.
사랑에 겨워 행복을 만끽하더라도 죽을 때는
안타까움이 많고 여한도 많을 것이어늘
짧은 인생을 한시라도 무어 속상해할 일이 있는가.
하늘이 맺어준 인연이라면서 서로의 뜻을
거스르는 일이 있어서는 절대 아니 될 일이다.
조강지처는 역시 조건 없는 희생과 봉사의 반려자다.

× × ×

10년 전에 적어두었던 글이다.
그새 속절없는 세월이 강물처럼 흘러갔다.
루게릭의 잔인한 고문으로 7년 투병에 지친 아내가
저무는 계절 흩날리는 낙엽을 덮은 채
잠든 지도 오늘로써 꼭 한 해…
첫 기일이 되는 날 이고나.

2018. 11. 4.

아들에게

가족이라곤 달랑 네 식구뿐이지만 네가 오랫동안
나가 있으니 집안이 언제나 텅 비어있는 느낌이다.
윤정이가 있을 땐 그래도 퇴근을 기다리는 낙도 있고
이런저런 이야기도 하며 사람 사는 냄새가 나더니만,
엄마 아빠 둘만의 생활이 되니 갑자기 적적하기 그지없다.
주말이면 혹시나 네가 집에 오지 않을까
기다려지는 게 부모의 심정인가 보다.
집에 와도 너는 너대로 바쁘고, 아빠는 아빠대로 시간이
맞지 않아 서로 얘기조차 나누어 보질 못하는구나.
꼭이 할 말이 있든 없든 이런저런 얘기를 나누는 게
가족의 정인데, 너무 대화가 적은 게 아닌가 여겨진다.
지난 주말 너와의 시간을 갖고 싶어 서둘러 오라 했지만
길이 밀려 좀 늦게 들어오니 네가 내려가고 없더구나.
아빠가 하고 싶었던 말을 이렇게 편지로 대신한다.

첫째는 엄마에 대한 이야기다.
서로가 떨어져 있으니 네가 알 수 없었겠지만

엄마의 건강이 좋지 않다.
언제부터인가 호흡하기가 상당히 힘들다고 한다.
갑자기 숨이 막히고 질식할 것만 같다는
증세를 여러 번 겪었다.
심호흡이 안 되고 한참을 목이 막혀 애를 쓰곤 한다.
깊은 한숨을 몰아쉬는 것도 종종 옆에서 보곤 한다.
일요일에도 윤정이에게 다녀오다 길에서 혼자
곤경에 처했다는데 아빠도 저녁에서야 얘기를 들었다.
이렇게 가슴이 답답하고 숨이 막히다가 그 상태에서
죽는 게 아닌가 한다는 말에 아빠도 크게 놀랐다.
그래 월요일 급하게 논현동에 있는 이종구
심장클리닉에 가서 정밀 검사를 했다.
검사 결과 상당한 주의와 가족들의 협조가
필요하다는 의사의 소견이다.
심장도 좋지 않고 오랜 심적 압박감이 '화병'이 되었다 한다.
우선 한 달 치 약을 받아왔는데, 가족들의 관심이
무엇보다도 중요하다는 충고다.
엄마의 성격이 본래 긍정적이고 낙천주의자에 가까운데.
엄마의 심리적 고충도 충분히 들었다.
이제부터 너와 이 아빠의 세심한 배려가 정말로 필요하다.
아빠도 엄마의 모든 것을 이해하고 수용하는
노력을 더 해야 한다. 윤형이 너 역시 지금까지는

다르게 엄마를 대해드려야 한다.
엄마라는 존재가 가족들의 모든 짐을 혼자 지고 가는 게 우리네 전통적 모습이었는데, 가족들의 무관심이 엄마를 너무 힘들게 했던 것 아닌가 생각된다.
어릴 땐 투정도 부릴 수 있고 대꾸도 하고 화를 낼 수도 있지.
그러나 엄마도 벌써 내년이면 60세,
너도 이미 30이 넘은 나이이니 모든 것 헤아려서 엄마의 마음을 편하게 해드리길 부탁한다.
충격을 주면 절대 안 돼.
혹 엄마의 말이 어긋나게 들리더라도 네가 완전히 수용하고, 말도 차분하게 유지해서 엄마의 심기를 불편하게 하면 큰일 날 수 있다.
아빠도 지금까지의 생활이 일방주의였던 것을 안다.
여기저기 잔병이 많다 보니 엄마에게 늘 의지하고 부담만 준 게 사실이다.
엊그제 엄마의 호흡 장애를 보고 얼마나 놀랐는지 모른다.

둘째는 너의 건강에 관한 이야기다.
혼자 객지 생활을 하다 보니 식생활이 불규칙하고 먹는 것도 부실한데, 네 근무가 얼마나 바쁘냐?
전에 혈액검사 결과 간의 수치가 아빠는

늘 머리에서 떠나질 않아.
진작 검사를 정확히 해서 미리 약도 쓰고
관리를 해야 하는 데 네가 신경을 쓰고 있는지 걱정된다.
네가 더 잘 알겠지만, 간장은 미리미리 챙기지
않으면 쉽게 회복되지 않는 것이지.
식사 관리 철저히 하고 절대 과음하지 말기를 당부한다.
시간을 잘 낼 수 없지만 빠른 시일 내에
검사해 보고 적절히 대처하길 바란다.
아빠도 고등학교 시절부터 객지 생활하느라
건강을 일찍 버려놓아 젊어서 위 수술도 하고
평생 잔병이 따라다니며 괴롭히는 것 같다.
아무리 고단한 생활이더라도 건강이 최우선이니
네가 알아서 잘 챙기도록 해.
뒷바라지를 제대로 못 해주는 부모의 마음은
늘 죄스럽고 아픈 거야.
집에 오면 따뜻한 밥 먹이고 싶고 영양제라도
먹게 하고 싶은 게 부모의 마음이란다.
식사가 입맛에 맞지 않더라도 맛있게 먹어주고
한 끼라도 제대로 먹어주면 그보다 더 고마운 게 없단다.
두서없이 얘기했지만 네가 잘 챙겨 들어주었으면 한다.
이제부터라도 너에게 메일이지만
편지도 가끔 보내려 한다.

나이가 들어가는 탓인가, 하나뿐인 아들인데 마음이나마 너와 곁에서 가까이 지내고 싶어지는구나.
윤형아, 너는 아빠 엄마에게 하늘 같은 미더운 존재다.
남들이 아들 잘 두었다고 칭찬을 들을 때마다 마음 든든하고 뿌듯하고 또 자랑스럽다.
15~20일은 아빠 친구의 초대로 인도네시아 여행 다녀온다.
엄마하고 즐거운 마음으로 다녀올게.
피곤할 텐데, 오늘 밤도 편히 잘 자거라.

2010. 1. 12.

달리고 싶은 아내의 소망

예전에야 건강관리 차원에서 조깅을 하는 이들이 간간이 있었다.
조깅이라면 아침저녁으로 몇 킬로 정도의 짧은 거리를
달리는 데 불과했다. 그러나 근래 몇 년 전부터 단순한
조깅이 아닌 마라톤이 열병처럼 유행을 타고 바람이 불었다.
5km나 10km의 단거리를 달리는 경우도 있기는 하나,
이를 마라톤이라고 하기엔 좀 그렇다.
웬만큼 이력이 붙으면 하프코스를 뛰고,
잇달아 풀코스에 도전하는 것이 일반화된 듯하다.
물론 달리기를 하는 이가 모두 풀코스를 할 수 있는 것은 아니다.
불과 5년 전만 해도 주변에 풀코스를 완주했다는 이가
그리 흔치는 않았는데, 요즘에 대략 3만 명쯤은
될 것이라 하니 대단한 열풍임이 틀림없다.
바르셀로나 올림픽에서 황영조 선수가 금메달을 따고,
또 이봉주가 보스턴대회의 우승과 올림픽 준우승을
한 것이 마라톤 바람의 동인動因이 되기는 했다.
여기에다 국가 경제의 급속한 발전과 국민 소득이 증가하면서
개인의 건강관리에 대한 관심이 견인차 역할을 한 것이다.

말이 42.195km이지, 우리 이정里程으로 105리가 넘는
완전 장거리다. 대충 서울에서 수원까지의 거리라면
웬만해선 좀처럼 수긍하기가 어렵다.
더욱이 풀코스도 성에 차지 않는다 해서
울트라 코스라는 말까지 생겨났다.
처음엔 풀코스를 넘는 거리를 그렇게 부르더니,
이젠 100킬로미터나 100마일(160km) 정도는 뛰어야
울트라를 한다고 명함을 내밀 형세가 되었다.

주말이면 경향 각처에서 대회가 열리고, 지역마다
마라톤 클럽이 생기는 것은 참으로 바람직한 일이다.
그러나, 마라톤은 어디까지나 타인들의 일이지 나와 우리
가족과는 무관한 일로 간단히 치부해 버렸던 게 사실이다.
그러던 것이 아내가 직장에서 서너 명이 뛰기 시작하더니
날짜를 거듭하며 차츰 거리를 늘여가고,
뛰는 횟수가 잦아지면서 생활의 일부가 아닌
삶의 목적처럼 마라톤에 빠져드는 것이었다.
마침 6년 전에 우리 동네 첫 모임인 '강남마라톤 클럽'이 생기고,
아내도 초창기부터 이 모임에 참가하며 저녁 9시만 되면
양재천으로 나가는 것을 유일의 낙으로 삼았다.
내가 청년 시절부터 이제껏 산을 돌아다니는 것을 업으로
삼고 살아온 것처럼, 아내도 뒤늦게 달리는 일에 심취해 갔다.

토요일 오후엔 중장거리로 나서고 일요일이면
이곳저곳 크고 작은 대회를 찾아다녔다.
자칫 도회 생활이 이웃을 사귀기가 어려운데,
마라톤 모임의 회원들이 주로 주민들이고 보니
함께 어울리는 정도 이제껏 맛보지 못한
남다른 재미가 있는 것은 물론이다.
운동하는 사람들 특유의 진한 우애와 상부상조의 희생심은
일상의 인간관계에서는 느껴보기 어려운 고귀한 소득이다.
아내의 달리기를 처음엔 너무 과도한 것 같아 만류도 했지만,
드물게나마 저녁 운동에 따라나서기도 하고,
지방 대회엔 나들이 삼아 차량으로 태워주다 보니,
내 나름대로 이해와 공감이 가기도 했다.
원주, 제천에서부터 보령이나 군산, 삼천포까지도 동행했다.
특히나 멀리 지방까지 다녀올 때면 여행의 기분도 느낄 수 있고,
대회가 마치 그 고을의 운동회나 축제 분위기의 흥청거림이
있어 하루가 온통 흥겹고 즐겁게 와 닿는 것이다.
나 자신은 아직 뛰지는 못한다.
서당개 3년에 풍월 읊는다고,
기껏 5~10km를 넘지 못하는 형편이다.
장끈 뒤를 쫄랑쫄랑 따라가는 강아지 격이라고나 해야겠다.
회원들에게 부끄럽기도 하고 때로는 미안하기도 하지만,
상관치 않고 친근하게 대해주는 그들의 인정이 따뜻하고

고마워 염치 불고하고 따라나서곤 한다.

그러던 것이 지난봄에 아내의 달리기에 변고가 생겼다.
어느 지방 대회에 나갔다가 과욕을 부린 탓인가
무릎에 이상이 생긴 것이다. 벌써 반년이 넘어 지났지만
좀처럼 회복이 되질 않는다.
풀코스 완주도 대충 10여 회는 넘었고, 울트라도 몇 차례
뛰었는데, 이젠 저녁 연습조차 별로 나가지 못하고,
대회 참가는 늘 그림의 떡이고 꿈속의 잠꼬대에 불과했다.
잃어버린 고향 땅을 그리는 실향민의 망향심이 이런 것인가,
하고한 날 마라톤 홈페이지를 하루에도 몇 번씩 들여다보고,
언제 어디서 대회가 있는지 일정을 꿰뚫어 보며
모든 화제가 온통 마라톤이다.
얼마나 달리고 싶으면 저럴까 싶어 그 모습이
때로는 측은하게 여겨지기도 한다.
지난주 양평에서 나와 함께 조금만 돌아오자고 했는데,
욕심을 부려 성치 않은 다리로 하프코스를 뛰고 나더니
무릎이 덧나 버린 것이다.
글쎄, 치료받고 빨리 회복되어야 할 텐데. 하나뿐인
취미 생활을 놓쳤으니 본인의 심정이 오죽이나 답답하랴.
다시 유니폼을 입고 언덕을 달릴 수 있을 때까지는
팀의 뒷바라지나 해야겠다.

드넓은 창공을 마음껏 날갯짓하며 훨훨 날아다니는 새처럼,
어서 양재천으로 한강으로, 아니 가고 싶어 하던
벚꽃 화사한 경주 보문단지 마라톤도,
해변을 끼고 도는 호미곶 대회도 달려갔으면.
그때가 되면 강릉도, 제주도 일주 순환도
어디인들 따라가 주지 못할까.
오늘 사무실 뒷마당 잔디밭에서 날갯죽지 꺾인 비둘기의
퍼덕거리던 모습이 내내 그림자처럼 떠오르는 것이다.

2005년

42.195km를 달려 골인하는 아내의 모습

고마운 미용 봉사

아내가 희귀난치병인 루게릭으로 진단받은 지 4년차…
루게릭은 아직 그 원인도 치료법도 그 아무것도 없다.
증상은 목구멍의 신경이 마비되면서
언어를 잃고 음식을 삼키지 못하고 호흡을 할 수가 없다.
팔과 다리도 마비가 점차 진행되면서 거동도 중지된다.
그래 언어 대신 필담으로 의사 표현을 하고
식사는 위루술을 해서 관으로 흘려 넣는다.
호흡은 기도를 절개하여 인공호흡기로 연명한다.
따라서 딸려 다니는 기구가 여러 가지로 많기도 하려니와
팔다리와 전신의 무력감으로 자신의 몸 가누기가 안되어
바깥 외출을 일체 할 수가 없다.
거동을 못 하는 환자들의 고충 중의 하나가 이발 미용이다.
지난가을에 동네 미장원을 수소문해서 한 곳으로부터
출장 서비스를 받았는데 며칠 전 확인해 보니 주인이 바뀌었다.
집 앞 미장원은 간단한 도구만 가지고 와서 커트나 하고
바로 가면 시간 별로 안 걸리는데 우리 생각처럼
가게를 비우고 출장 나오기가 쉽지 않은 모양이다.

5~6개월 지나고 보니 머리 손질이 영 안 되었다.
퍼뜩 인터넷 카페가 떠올라 '미용커플' 문을 두드렸다.
이야기방에 14541번 글로 출장 미용 부탁의 말을 올렸더니
고맙게도 몇 분께서 전화를 주셨다.
그중 제일 먼저 연락을 주신 분이 용인에 계시는 김민우 님.
일요일에도 불구하고 오전에 교회 갔다가
백여 리 먼 길을 일부러 달려오신 것이다.
가까이 계신다면 미안함이 좀은 덜하겠는데
불원천리를 마다치 않고 찾아주시는 정성에
그저 고맙고 가슴이 뭉클할 따름이다.
환자들에겐 크고 작은 도움들이 엄청난 힘이 되고
격려와 성원이 된다. 출장이든 봉사든 내가 아쉬워
불러놓고 맨손으로 보낼 수는 없다.
쉬는 날을 택해 봉사로 나왔기에 출장비를 받을 수 없다고 한사
코 손사래를 치지만 부른 사람 입장에서 그게 아니다.
잠시 커트만 했더라도 차량 기름값과 고속도로비
정도를 나의 시집에 넣어 간신히 넣어 드렸다.
그리고 두 달 간격으로 와 주기로 약속까지 했다.
우리 주위엔 착하고 고마운 이들도 참으로 많고
훈훈한 인정이 흘러넘치는 살맛나는 세상이다.

2014년

마누라 흉보기

퇴근해 현관문을 열고 들어서니 집안에서 후끈한 기운이 느껴졌다.
“당신 들어왔어?”
아내의 퇴근 시간이 나보다 늦는데 대답이 있을 리 없다.
직감적으로 심상치 않은 느낌이 들어
주방을 보니, 가스레인지에 불이 켜져 있고
올려놓은 냄비가 벌겋게 달아 있었다.
황급히 레인지불을 끄고 베란다 창문을 활짝 열어젖혔다.
‘이 아줌마가 또 건망증이 도졌구나!’
집게를 들고 냄비뚜껑을 열어보나 열리지 않는다.
뜨거운 열기에 냄비 속 압력이 높아졌으니
폭발할 수도 있다는 생각에 순간 위기감이 몰려왔다.
얼른 복도로 피해 나와 냄비가 식어지기를
기다리는 수밖에 없었다.
아침 출근길에 급히 끓이다가 나가 버렸으니
무려 열 시간 동안 저 혼자 타고 달구어진 것이다.
가슴이 콩닥거리며 진정되질 않았다.
결혼 초기 겨울에 쇠족을 고다가 태운 적이 있어

그 노린내로 추위에 한 달 이상 문을 열어놓고 지낸 적이 있다.
지금의 이 집에 와서도 청소 아줌마의 신고로
경비 아저씨가 쇠창살을 뜯고 들어와 가스불을 잠근 적이 있었다.
30분을 기다렸다가 다시 거실로 들어가
뚜껑을 열어보니 영지와 대추로 보이는 게
까만 숯으로 변해 있었다.
냄비 속 역시 검게 변색되어 버렸다.
'이 아줌마가 어쩌자고 이러는 것인가!'
여자들에게 건망증이 심하다는 얘기야
수없이 들어왔지만, 아내의 경우는 심심찮게
해프닝이 반복된다.
저번에도 은행에 갔다가 인감도장을 잃어버려
인감이며 여러 개의 통장을 모두 바꾼 일도 있지 않은가.
그렇다고 버리기엔 아깝다는 생각이 드는 사람이다.
착한 성격에 지아비 섬길 줄도 알고 있으니
그냥 내칠 수도 없는 노릇이다.
더구나 이 나이에 그나마 없으면 홀아비 소리 면하기 어렵고.
그래도 더 늙어서 등 긁어줄 사람은 조강지처뿐이라 하던데
'이 아줌씨야, 제발 정신 좀 차려!
이러다가 남편마저 흘려 버리지나 않을는지.

2007년

청실홍실

나는 여울이요
당신은 강물
스물일곱 해 긴 날을
외오 흘러와
이제 두 갈래 물길
아우라지 이루었나니.

귀밑머리 허여 셀
비둘기 인연인 것을
그대 청실 두르고
여기 홍실 칭칭 감아
구백 리 아득한 길
한생을 가고지고.

아내

세상살이 이야기
도란도란 속삭이고
빛바랜 사진 속의 추억
잃어버린 향수를
곱게 채워주는
그대는
영원의 소꿉친구였네.

시린 가슴
어루만져 주고
호젓한 여행길
휘파람 불며 동행하는
그대는
나 하나의 애인이었네.

먼 길 종일 헤매다
어두한 저녁

지친 걸음으로 돌아와

팔베개 베고

포근히 잠드는

당신의 품은

어머니의 가슴이었네.

5월 21일 부부의 날에

손녀와 아내

내 동공 속을
온통 차지하고
가슴 한복판까지
들어와 박힌 내 손녀.
중얼거리던 옹알이가
첫돌 반년 쯤에
말더듬이 지나
떠듬떠듬
막 입이 열리고
이제 말문이 터져가네.

어려선 깜찍한 용모
말솜씨 탓에
앵무새로 불렸다던
등대지기 내 아내.
진단 한 해만에

손녀 이름도 서툴더니

이제 말을 잃고

입을 닫아가네.

2012. 11.

스무고개

손가락 끝에 차임벨 붙여 두고
호출로 대신하더니
이제 새끼손 하나마저
꿈틀대지 못하고
전신이 미라로 굳어버렸다.
의사 표현 수단이라곤
껌벅이는 눈동자뿐
간절한 눈빛이 내 눈과 마주친다.

석삼년을 지나면서부터
눈빛과 글자판이
유일한 소통 수단이더니
간절한 눈빛을 헤아리느라
아들도 며느리도
예루살렘 통곡의 벽에 주저앉았다.
벙어리 삼룡과

백치 아다다의 수화手話가 아닌
판화版話라고 할까나
앞면은 서른여섯 단어
뒷면은 순서대로 자음과 모음
글자판을 하나씩 짚어가며
오늘도 아내와 스무고개를 풀어간다.

2015년

루게릭 · 1

그냥 일상의 생활에서도
몇 번은 길을 가다가
긴 한숨을 몰아쉬고 주저앉으며
순간적으로 호흡이 힘들다 했지.
이대로 질식할 것만 같더라고-
그래 소문난 심장내과를 찾아
두 번씩 정밀검사도 실시했건만
드러나는 게 없으니
마을을 편하게 해주라는
아주 싱겁고 부담 없는 말뿐이었지.

어느 날부터인가 말을 하다가도
순간적으로 발음이 꼬이며
말투가 어눌해지기에
큰 병원 이비인후과도 들르고
언어치료실도 종종 들러
초등학생 한글 읽기를 훈련도 했지.

우연히 입안을 들여다보았더니
혀에 주름이 잡히고
얼마 후엔 점점 오그라들었다가
끝내 입을 닫고 말을 잃어버렸지.
백치 아다다도
벙어리 삼룡이도 내사 좋은데
신음조차 한마디 낼 수 없는
그대는 온 세월을 굳어버린
천년 풍우 속의 돌부처가 되었네.

루게릭 · 2

밥숟갈을 반도 안 되게 뜨고
한참씩을 씹다가 삼키려 해도
목구멍이 식도를 열어주지 않아
반 모금 반 모금
그보다도 더 적게
살짝 넘기려다 재채기에 들켜버렸네.
콜록콜록 …캑캑…
눈물 빠지게 혼을 나고는
목에 풀칠하기가
하늘에 별따기만큼이나 힘들어졌네.

밥에서 죽으로 낮추고
죽에서 미음으로
미음에서 다시 물로 내렸지만
어느 것 한 가지
목구멍에서 허락해 주질 않네.
이로부터 하루 종일 한 달 내내

일 년 삼백예순 다섯 날을

식음 전폐 하였고나.

위루술

물 한 모금 넘기고
한술 밥 씹는 일이
히말라야 설산
고봉 준령을
오르기보다 힘겹다.

마라톤과 사이클로
내 땅 속속들이
헤집고 다닐 적의
한아름 허벅지
나날이 야위어
이제 겨우 두 손에 잡힐 만큼
5할도 넘게
빠져 버린 몸무게
에리고 안쓰러워 목이 멘다.
차마 손대기 억울해
요행을 바라며 망설이다

시기를 놓치고

끝내

배에 대롱을 꽂았다.

이제는 평생

먹는 게 아니고 넣는 거다.

언어도 잃고

입ㅁ마저 닫아 버린

그대는

산해진미도 모르는

맛치가 되었고나.

2012년 11월

삼불능三不能

세상 모든 이들처럼
사람의 행동거지
모든 짓거리 하나하나
덜하지도 못한 적이
어이 있었으랴.
뛰고 달리는 일은
맨 앞에 나서기도 했는데
이제 그대는
언어도
호흡도
삼킴도
세 가지 모두가 불능이란다.

배우지 않아도
가르치지 않아도
미물조차 저절로 터득되는

세상에서 가장 쉬운 일인데
목줄의 신경 하나
빠르게 마비된다고
가슴 탁탁 몰아쉬는 가쁜 숨
말은 벌써 아다다가 되었고
목구멍은 닫아 버려
식음을 잊은 지도 오래니
삼불능三不能
남은 세월
어찌 이어갈까나.

2012년 11월

요리 교실

평생 받아보기만 한 밥상
하루 세끼
삼식三食이 되기보다
이제라도
설익은 밥에
서툰 솜씨의 양념으로 무친
나물 반찬 한 접시
내 손수 차려놓고
도란도란 정담 나누며
아내와 마주 앉고 싶다.

천고마비天高馬肥 초가을
날로 가벼워지는
체중계 눈금이 서러워
행주치마 걸치고
문 열고 들어선 울 동네
'아빠 요리 교실'

고소한 향기를 볶아내고
무지개 색깔로 차려 놓은들
무디어진 아내의 혀끝 미각
석고처럼 굳어가는 목 넘김에
이제 맛보아 줄 이도
먹어 줄 이도 없는 것을.

2011년 9월

마라톤

해마다 가을을 매듭짓는
미틈달 첫 주말
먼 산을 타고 내려온 불씨가
저무는 늦가을 가로수에
활활 불을 붙이면
잠실벌 백 리 길에
밀물로 넘치는 달림이들.

내 나라 내 땅
그 어디메라도
마라톤 멍석을 펼쳐놓으면
몸살을 앓고 달려가야
신열辛熱이 가시던
그때 그 시절의
야생마 그 아내.
'강남마라톤'의 우정들
잠실운동장 앞뜰에

현수막 내걸어 놓고
달리고 응원하며
떠들썩한 천둥소리
오늘은 지도 따라
손가락으로 달리고
화면에 비치는 낯익은 길을
내내 눈으로 달려야 했다.

2012. 12.

하늘 여행

서릿발 차갑던 늦가을
황홀하던 단풍은
우수수 낙엽으로 흩날리고
스스로 닉네임으로 삼던
국화꽃도
찬이슬 속에
함초롬 피었는데

내 고운 반려
박재상 카타리나
잔혹한 병마 루게릭
일곱 해의 고통을 끝내고
한 마리 파랑새 되어
구만리 머언 길
하늘 여행 떠났습니다.

2017. 11. 4.

인연

서로가 낯모를 곳에서 태어나
수천만 중에 단 한 사람
천생의 배필로 만나
백 년의 해로를 약속했건만
이제 36년…

다시 그만큼의 세월을
더 살아야 할
우리의 인연이 많이 남았거니
언어도 잃고 위루관이며
호흡기에다 가쁜 숨소리로
힘든 삶일지언정
이대로도 좋으니라
오래오래
버티어만 주소서.

2014년

마지막 선물

그대
소슬한 가을바람으로
훌쩍 떠난 줄 알았더니
오랜 날 나를 위해
큰 선물을
준비해 두었고나.
나 힘들어할 때
건네주라고
당신 동생에게 맡겨둔 통장…

월급쟁이 빠듯한 살림
잔병치레 남편으로
평생 노심초사하더니
혼자 남을 내가 걱정되어
살뜰히도
티끌 태산 쌓아두었네.
아, 그대는

낭군만을 위해 살다간

평생의 열녀였고나.

2017.12.

흔적을 지우며

아리따운 내 임아
그대 서럽게 서럽게
저승길 떠나버리고
여기 이승엔
나만 홀로이 남았고나.

오늘 하루
이곳 저곳 찾아다니며
당신이 살고 간 삶의 흔적들을
하나씩 지워야 했다.
사망신고서를 제출하고
통장들도 모조리 해지하면서
그대
두 번 세 번 꺼져가는
답답한 숨소리도
차갑게 식어버린 손길도
눈이슬 속에 떨쳐야만 했다.

2017. 11

파도야

파도는
밀리고
또 밀려오고

임은
하늘 여행
떠나고 없는데

파도야,
나더러
어쩌란 말이냐!

2017. 11. 19.

눈이슬

'반달' '섬집아기'를
하모니카로 불다 보면
눈에 티가 들어간 듯
공연히 핑 돌고 이슬이 맺힌다.
착하게만 살아가는 우리 이웃들
고단한 삶의 이야기
TV를 보다가도
그냥 눈에 물이 괸다.
백수해안도로 겨울 바닷가
굽이굽이 이랑으로 밀려오는
파도를 바라보다가
울컥 한가슴 솟구치는 설움에
남모를 방울이 주르르 흐른다.

구름 둥실 떠가는 하늘
쳐다만 보아도 그렇고
'임아 강물을 건너지 마오'

소꿉놀이 노부부가 부럽고
휘날리는 눈보라 속 이별 장면에
나도 함께 설움이 펑펑 쏟아진다.
가엾고 서러운 우리 임
훌쩍 가신 후로는
나 혼자 돌아서서
옷소매를 훔치는 일이 흔해졌다.

2018년

천등天燈 • 1

그대 넋이여
파촉 삼만 리
서역 하늘
어찌 이르렀느뇨.
이국땅 타이완
간이역이 있는 산골
스펀十分 마을에서
그대 고운 얼굴
함초롬 떠올리며
빨간 등불 하나 밝히네.

사방 석 자 비닐에
붓으로 적어 넣은
간절한 그리움과 소망
눈물 어린 기도의
등불 하나
우리 임 떠돌고 계신

저 하늘 맨 끝까지

서러운 사부곡思婦曲

둥실 두둥실 띄워 보내네.

2018. 1.

서역 삼만 리 아내에게 띄워 보내는 등불

천등天燈 • 2

『내
사랑하는 그 이름
박재상
그리운 임아
이제 그만
하늘소풍 끝내고
소꿉동무로 살던
우리 둘만의
옛날 그 시절로
돌아와 주오.
오늘도 내일도
사랑합니다
사랑합니다
꿈에라도 한번
안기어 주오』

* 천등天燈에 적은 글귀입니다.

고추잠자리

내가 좋아 선택한
영원의 반려자

평생의 해로야
이룰 수 없더라도

혼자 남을 세월
너무 아뜩하고 외로워

언제나
그대 곁을 맴도는

나는
한 마리 고추잠자리.

2018년

바람떡

어린 시절 나는
바람떡을 참 좋아했다.
개피떡이라고도 불렀다.
그래 생일날은
으레 어머니께서
바람떡을 해주시곤 했다.
해쑥을 뜯어다 떡쌀과 뒤섞어
절구에 찧으면
연초록 빛깔이
한결 맛있어 보였다.
간혹 어머니께서 바쁘실 땐
그냥 쑥버무리로 해주시기도 했다.

세월이 흘러서는 아내가
바람떡으로
생일을 차려주었다.
초봄의 내 생일은

참 좋은 시절이다.
오늘도 벚꽃이
바람개비 꽃비로 흩날리는데
바람떡을 해주시던
어머니도 가신 지 오래고
잊지 않고 생일 바람떡을 챙겨주던
아내도 멀리 떠나고 없고나.
혼자서의 생일이기에
어머니도 아내도
더 그리워지는가 보다.

2018. 4. 11. 생일날

남의 편

어느 한시도
물기 마를 날이 없더니
습진으로 물러 터진
다섯 손가락
흔해 빠진 연고 하나
사주지 못고
발라주지 못한
비정한 반려자
언제나
내 편 아닌 남의 편
그래 남편이라 했던가.

3

추억 일기

내 고향 풀무골(충북 괴산)

찔레꽃

내 고향의 5월은 찔레꽃과 함께 초여름이 시작되었다.
어디 우리 고장뿐이랴,
찔레꽃은 이 땅 어느 곳에나 지천으로 피어난다.
산자락 돌무더기 수풀에도, 개울가 둔덕에도,
아니, 우리의 할머니 할아버지들의 산소 곁에도
덩굴째 무리 지어 하얀빛으로 함초롬히 피는 꽃이다.
화려한 장미꽃처럼 담장을 화려하게 휘덮는
그런 꽃도 아니다.
대개 사람의 손이 가지 않는 척박한 땅이거나,
버려진 귀퉁이에서 저 혼자 외롭고 한적하게 피어나기에
남모르게 정이 가고 마음이 끌리는 꽃인지도 모른다.
뻐꾸기가 진종일 지겹도록 울어대는 날에도,
소쩍새가 이 산 저 산 옮아가며 울어대던 달밤에도
찔레꽃은 들녘 외딴 자락에서 저 혼자 봄을 보내야 했다.
봄빛이 짙어지고 녹음이 우거지면서 청보리밭엔
소복이 팬 이삭이 바람결에 남실거리지만
보리를 수확하기까지는 아직도 한 달 쯤은 기다려야 한다.

날씨도 차츰 작은 더위를 데리고 오면서 한껏 봄 가뭄이 이어지고,
이때부터 산골 사람들에겐 힘든 보릿고개가 시작되는 것이다.
보릿고개는 문경새재보다도 더 높고 험했다.
허기진 배는 하루해가 여우꼬리보다도 훨씬 길고 지루한데
나물 뜯으러 나간 엄마는 기다려도 돌아오지 않고
허기에 지친 아이는 바가지를 들고 샘물을 찾아간다.
때로는 무성한 덤불을 헤집고 웃자란 찔레순 속대를 골라
꺾어 먹기도 했다.
봄 한철 찔레순은 아이들의 간식거리인 동시에
운명적인 가난을 버티어내는 구황식품이기도 했다.
그러기에 찔레꽃은 애련한 추억과 연결되기 마련인가 보다.
찔레꽃엔 추억과 향수가 있고, 슬픔도 아픔도 함께 묻어 있다.

'찔레꽃 붉게 피는 남쪽 나라 내 고향…'
노랫말의 지은이야 찔레꽃의 빛깔이 하얀색인 줄 모를지라도
찔레꽃은 초가집과 고향의 산천, 그리고 부모님과 어릴 적
동무들에 대한 회상의 매체가 되는 것이다.
산골짝 맨 꼭대기 다랭이논 둔덕엔 찔레꽃이 소복했다.
모내기 써레질을 하다가 잠시 바윗돌에 걸터앉아
곰방대를 피워물며 5월 가뭄을 걱정하시던 아버지의 모습.
점심밥 함지박을 머리에 이고 오솔길을 걸어오시던
어머니 무명치마저고리, 머리에 두른 수건이 찔레꽃처럼 하얬다.

내 아버지, 내 어머님은 찔레꽃처럼 살다 가셨다.
장미의 붉은색 화려한 삶이 아니고
찔레꽃 하얀 삶을 사신 것이다.
찔레꽃은 민초들의 꽃이다.
이 땅에 태어나 이름 없는 존재로 살아가면서도
욕심부리지 않고 소박하게 살아가는 민초의 심성은
찔레꽃의 하얀 빛깔 바로 그것이었다.
돌무더기 폐허의 땅에서도 억척같이 뿌리를 내리고,
움을 틔워 그 예쁜 꽃까지 피우는 끈질긴 생명력은
고난과 시련을 디디며 이 땅을 지켜온 민초들의 모습이다.

먼 옛날 고려적, 몽골에 조공으로 갔던 처녀 '찔레' -
어느 한 시도 고향과 가족을 잊지 못해 목메더니,
환향녀還鄕女로 돌아와서는 이내 한스러이 죽었단다.
그래 그녀의 순결한 마음은 하얀 찔레꽃이 되고
앳되고 고운 목소리는 찔레의 향기가 되었다 했다.
언제나 하얀 마음으로 티 없이 살아가고자
애달픈 사연의 찔레꽃 전설을 되새겨 보는 것이다.

정월대보름 달맞이

정월 대보름 상원上元이다.
추석과 함께 일 년 열두 달 중의 달이 가장 밝은 날로
설과 더불어 전래되는 고유의 정월 세시 명절이다.
농사를 주로 하던 어린 시절엔 겨울 농한기의
정겨웠던 풍속이 서구 문화에 밀려
이즈음의 세대들에겐 전설이 되어 버렸다.

전날 열나흘을 '작은보름'이라 하여 아홉 가지
나물 반찬에 오곡밥을 지어 다른 날보다 저녁을 일찍 먹었다.
대보름날 아침은 밤, 호두, 땅콩 등의 딱딱한
과일로 부럼을 깨야 이도 튼튼하고 한 해
동안의 액운도 막을 수 있다고 했다.
또 해가 뜨기 전에 동네로 나가 '더위팔기'도 하고.
어른들은 며칠간에 걸쳐 윷놀이 대회를 열기도 했다.
아이들은 겨우내 연날리기와 쥐불놀이를 했다.

뭐니 뭐니 해도 내게 가장 신명나는 일은 달맞이였다.

우린 그냥 달맞이를 '망월望月보러 간다'고 일렀다.
망월터는 다른 동네보다 보름달을 먼저 보기 위해
마을에서 가장 높은 산봉우리를 택했다.
종일 마음이 설레던 아이들은 해가 지기도 훨씬 전에
망월터로 올라가 청솔가지를 꺾어다
달집을 높다랗게 만들고 불을 피워댔다.
사방을 둘러보면 큰 봉우리마다 봉화처럼 불이 타올랐다.
해가 설핏해지는 어스름께쯤엔 마을 청년들이
깃대를 앞세우고 풍물을 두드리며 올라왔다.

청년들은 한바탕 질펀하게 풍물을 두드리고
아이들은 연을 날리기도 하고, 깡통에 관솔불을 넣고
크게 원을 그리며 휘돌려 대기도 했다.
눈에 보이는 봉우리마다 온통 불덩어리다.

해가 서산을 넘고 날이 서서히 어두워지면
어른 아이 할 것 없이 일렬로 동쪽 방향으로 서서
대보름 둥근 달이 떠오르기를 기다렸다.
이윽고 누군가 '달 봤다!'를 외쳐대면
요란하게 풍물을 두드리고 수없이 절을 하면서
일 년 동안의 자기 소원들을 소리 질러 빌었다.
연은 이때 줄을 끊어 어둠 속으로 날려 보냈다.

대보름이 지나 연을 날리면 상놈이라 들었다.
어린 꿈을 실은 연은 팔랑팔랑 미지의 먼 곳으로 사라져 갔다.
평소 가보지 못하고 마음으로만 동경하던 산 너머
아득한 곳까지 날아가기를 아이들은 간절히 소원했다.

한아름 만월滿月을 이룬 대보름달

입춘立春맞이

겨울 석 달 추위가 아직 다하지는 않았지만
달력으로는 오늘이 입춘立春이란다.
한 해 스물네 절기의 맨 처음으로
절후상으로는 봄이 시작된다는 뜻이겠거니,
생각만으로도 훈훈한 계절감이 먼저 느껴진다.
하긴 2월로 들어섰으니 마음부터 푸근해지고
입춘이란 말만으로도 온몸에 따스한 기운이 감도는 듯하다.
농사를 생업으로 하던 어린 시절엔
여러 세시풍속이 그대로 우리의 생활이었다.
번듯한 살림이 아니어도 토담집 오두막일지언정
'입춘대길立春大吉', '건양다경建陽多慶'
입춘첩을 대문이나 방문 위에 큼지막한 글씨로 붙여두고
맘에 드는 글귀를 골라 기둥마다 입춘방도 덧붙였다.
나무도 아홉 짐에 밥도 아홉 그릇을 먹어야 한다고 했다.
쓴 나물 다섯 가지로 입맛을 돋우고 봄기운도 마셨다.

농경 시절엔 계절 행사가 곧 농사일로 연결되었지만

새마을운동이 시작되고 산업화가 가속화하면서
전래의 풍습들은 급격하게 와해되고 사라져 갔다.
근대화의 구호는 '우리 것'을 일거에 부정해 버리고
오로지 물질의 풍요와 수치의 증대만을 요구했다.
새 시대의 물결에 휩쓸려 너도 나도 고향을 등지고
새로운 가나안을 찾아 도시로 몰려들었다.
그 덕택에 국민소득도 기적처럼 높아지고
우리네 삶도 외형적으로는 틀림없이 윤택해졌다.
그러나, 경제의 발전이 그대로 비례하여
우리의 정신까지 행복하게 해주지는 못했던 것 같다.
배부른 돼지의 무언가 채우지 못한 공복감과 공허감,
기계화 도시화로 빼앗기고 밀려난 소외감과 상실감,
이런 류의 정신적 공황이 오늘을 사는 사람들을
다시 자연으로 전원으로 흙으로의 귀의를 꿈꾸게 만들었다.
절후節侯는 자연계의 순환하는 원리다.
입춘과 함께 얼었던 대지가 풀리고
이제 흙바람이 불며 땅 기운도 살아날 것이다.
움츠렸던 작은 생명도 기지개를 준비할 텐데,
찬바람을 피해 억지 동안거冬安居에 들어갔던
우리 몸의 해묵은 먼지도 훌훌 털어내야겠다.

귀성길

설이고 추석이고 명절 때가 되면
며칠 전부터 방송들이 먼저 호들갑을 떨고
수선을 피우며 분위기를 충동질해 댄다.
마땅히 발길을 나설 만한 곳이 없는 이들에겐
공허한 마음에 염장을 질러대는 일일 수도 있다.
그러나, 때맞추어 찾아갈 고향이 있고
반겨줄 피붙이가 옛집을 지키고 있으니
이것만으로도 얼마나 다행이고 유복한 일이겠는가.

고향으로 가는 길엔 그 어떤 체면을 따질 일도,
이비理非를 가리거나 회한의 심사로 망설일 것도 없다.
고향은 우리에게 아무것도 요구하지 않는다.
알쌍급제 금의환향이 아니어도 좋고,
변변한 선물 하나 들지 못하고 빈손으로 찾아도 좋다.
고향은 우리에게 허욕이나 과시도 바라지 않고
힘든 삶을 푸념하고 투정해도 탓하지 않는다.
타관을 떠돌면서 기억하고 찾아준 것만으로도

고향은 우리를 포근히 감싸주고 반가이 맞아준다.

고향엔 친구와 혈육의 인정이 있고
내 살과 뼈를 길러준 흙이 있고 돌이 있다.
고향의 이미지는 산이고 물이요, 곧 자연이다.
사람이야 가고 오고 더러는 얼굴도 바뀌었지만
앞산엔 토끼몰이하던 동심이
냇물엔 올갱이를 줍던 추억이 있다.
평생을 때 없이 오가는 고향길이건만
고향길은 언제나 푸근하기 그지없다.
귀성 차량으로 길이 막힌들 무어 대수랴.

내 고향 풀무골

백두대간의 주릉이 남서쪽으로 내달으며
한강의 긴 흐름이 처음 시작되는 곳.
속리산에서 발원한 달래강 젖줄이 감싸고 흐르는
그 어름에 자리하여 산 높고 골 깊은 곳이다.
열여섯 나이에 떠나와 50여 년 세월 동안
타관을 떠돌며 어느 한시도 잊은 적이 없었던
내 낳은 고향 - 풀무골.
한문 쓰기를 좋아하는 이들은 야동冶洞이라 했고
골짜기가 열둘이라 사람들은 '열두갓골'로도 불렀다.
느티나무가 많다 하여 괴산槐山으로 유래되었단다.
고장 이름에서부터 궁벽한 산읍의 느낌을 주는 곳이다.

대처를 찾아 하나둘 떠나가고 이제는 겨우 토박이
일곱 가구에 주민이라야 스무 명도 못 되는
작은 산촌엔 칠순이 넘은 내 형님이
동네 남정네 중 막내라고 했다.
오 리 밖에 있던 초등학교도 폐교된 지 오래고,

언제부터인가 추석 명절에 행해지던 학생들의 운동회도,
고향을 찾는 졸업생들의 동문체육대회도
먼 옛날이야기가 되어 버렸다.
그러나, 400년이 넘는 아름드리 느티나무가
여전히 동구 밖을 지키고 있으니
산천의구란 말이 내게는 한결같은 믿음과
그리움을 주고 있다.

고향故鄕의 의미 · 1

'고향'이라는 단어는 언제 들어도 누구에게나 가슴 뭉클하고 애절한 사연으로 다가온다. 유년 시절 뛰어놀던 산하는 동심 속의 영원한 그리움이요, 평생 동안을 살아가면서 영혼의 귀의처로 가슴 깊은 곳에 자리하고 있는 향수의 요람이기도 하다.

열다섯 어린 나이에 대처의 학교를 찾아 처음 고향을 떠나온 이후, 지금에 이르기까지 50여 년을 넘는 세월 동안 이곳저곳으로 타관을 전전했으니 고향에서 살아온 날은 실상 얼마 되지 않는다. 그럼에도 불구하고 내 삶의 모두가 고향에서 이루어진 것처럼 여겨지고, 현재까지도 그곳에 대한 정념이 온통 휩싸고 도는 것을 보면, 나고 자란 자신의 근원에 대한 우리의 정서가 꽤나 질긴 인연으로 작용하는 것 같다. 더 나은 삶을 찾아 스스로 발길을 돌렸으면서도,

어느 한때나마 잠시도 마음속에서 그곳을
저버리지 못하고 있으니, 어찌 보면 모순도
이만저만이 아니다.

물 건너 아득한 곳도 아니요, 금단의 땅 그 너머
영원히 닿을 수 없는 곳도 아닌데
무어 그리 애를 끓이는가.
마음만 먹으면 당장이라도 달려갈 수도 있을 만한
거리인데, 하고한 날을 오매불망 전전긍긍하는지.
발길 따라나서면 쉬 다녀올 수 있을 뿐만 아니라,
더 나아가 고향으로 돌아가서 터를 잡고 살 수도 있는 일이다.
현재의 삶과는 다른 양상이 되겠지만, 결심하기에 따라
고향은 동경이나 연민의 대상이 아니라
현실적 상황으로 만들 수도 있다.
물론 현재 내가 누리는 조건의 상당 부분을 버릴 수
있다는 것을 전제로 해야 하는 것이다.

그러나, 무엇 하나 버리지 않고, 기존의 혜택을
송두리째 누리겠다는 욕심으로 가득 차 있으면서,
언제나 고향 타령을 노래하고 돌아갈 날을
꿈꾸며 기다리고 있다는 것은 어느 면에선
지극히 이기적 사고가 아니겠는가.

현실과 이상을 분별하지 못해서 하는 소리는 아니다.
외지에서 대부분의 세월을 보낸 것은
생존을 필요로 한 현실이요, 물방아 돌아가던
어젯날의 고향을 꿈꾸는 것은 이상이다.
현실과 이상을 일치시키기란 어느 경우에도
거의 불가능에 가까운 일이다.

그렇다고 마음조차 외면하고 생각을
떨칠 수야 없는 노릇이 아닌가.
때로는 고향을 버렸노라 말하는 이도 있다.
평생 잊었노라 애써 힘주어 말하는 이도 더러는 있다.
다시는 고향 땅을 밟지도 않을 것이라고
힘주어 말하는 이도 있다.

그러나, 그 말들이 어찌 진심이고 솔직한 고백이랴.
그럴만한 연유가 있겠지.
고향에서의 한 맺힌 응어리가 아직껏 원과 한으로
남아 있기에 하는 소리다.
그 말은 애써 자신을 속이고 감출 수밖에 없는
입장에서 하는 역설적인 말이다.
수구초심首丘初心이라 했다.

미물도 제 태어난 곳으로 머리를 두고 죽는다는데, 하물며 사람의 심성이 고향을 외면할 수는 없다. 명절 때의 저 치열한 귀성행렬을 보라. 때 없이 임진각을 찾아가 철조망을 부여잡고 북녘을 바라보며 망연자실 눈물을 훔치는 실향민 모습을 보면 고향에 대한 우리의 집착과 향수가 그 얼마나 간절한가를 가히 짐작할 만하다.

고향故鄕의 의미 · 2

우리의 대중가요나 문학 작품에 가장 많이 등장하는
소재 중의 하나도 '고향'이라는 단어다.
그 고향은 현실을 벗어나고 싶을 때 불러보는
피안의 안식처이고, 외로움에 젖거나 어느 곳에도
정착할 수 없는 심회가 애련해질 때
눈망울에 그려보는 정한의 대상이다.
아무것 없이 맨손으로 찾아가도 나를 반겨
맞아줄 수 있는 어머니의 품 같은 곳이며,
피곤한 다리를 끌고 들어가더라도 나를 편안히
쉬게 해줄 수 있는 연인의 가슴 같은 그런 곳이다.
마음 내키면 언제라도 내칠 수 있고
두어 시간이면 닿을 수 있는 그곳…
아직도 내 혈육이 옛집을 그대로 지키고 있어
주저 없이 찾아갈 고향이 존재한다는 것은
크나큰 위안이고 행복임이 틀림없다.
그러나 또 한편, 다시 돌아 나올 때의
뒤엉킨 아픔은 웬 탓이런가.

산천의구山川依舊란 말을 그대로 믿고
따를 수만 있다면야 얼마나 좋으랴.
떠나온 세월만큼이나 산도 물도 너무 많이 변해 버렸다.
마을 위로 커다란 저수지가 새로 생겨나면서
우리 집 문전옥답이 거의 물 속으로 잠기고 말았다.
용고개에서 흘러내린 물이 안항골을 거쳐
아리목에서 내리는 개울과 어우러지는 합수머리
버들개뜰이 흔적 없이 감추어진 것이다.
그야말로 뽕나무 밭이 변하여 바다가 되었다는 상전벽해
桑田碧海의 무상감이 휑한 가슴에 회오리를 몰고 온다.
버들개 들판은 우리 전답의 거개가 몰려있는,
열 식구의 목줄을 이어가는 생명의 들판이었다.
두 개울이 어우러지는 합수머리 아래로 이어지는
널찍한 개울은 그 시절의 내 놀이터였지.
고기잡이를 유난히도 좋아하고 또래들에 비해 잘했던
나에겐 그 어느 곳보다도 추억이 많이 서리고 애잔한
꿈이 깃든 곳이 바로 그 시냇물이다.
맨손으로 돌 틈을 뒤져 붕어와 불거지를 잡아내기도 하고,
쳇바퀴로 풀섶을 뒤져 새뱅이도 종다래끼 가득 잡아 올리던
솜씨를 마음껏 펼쳐볼 수 있었던 곳도 그 냇물이었다.
장마물이 나가고 나면 방차둑 보洑아래 깊은 둠벙은
발가숭이들이 고추잠자리를 쫓던 곳이기도 하다.

우리네 논밭도 개울도 모두 삼켜버린 게
바로 산골짜기를 바다로 만든 저 저수지다.
어찌 변한 게 산하뿐이랴.

또 하나, 마음의 고향을 앗긴 것은 나의 모교
초등학교가 문을 닫아버린 일이다.
애당초 벽지학교로 지정된 작은 규모이기는 하지만
그래도 47회에 걸쳐 1,700여 명의 졸업생을 냈는데,
분교도 아니고 하루아침에 폐교의 운명을 맞은 건
여간 가슴 아픈 일이 아닐 수 없다.
규모와 관계없이 학교는 그 지역의 문화의 중심이요,
주민들의 정신적 구심점이다.
운동회가 있는 날이면 온 골짜기가 그대로 축제의 날이었다.
졸업생들에게도 동문체육대회를 치루며 모교와
고향에 대한 애착심을 다시금 다져볼 수 있게
하는 곳이 학교가 아니었던가.
잡초 무성한 운동장 한쪽엔 내가 5학년 때 심었던
플라타너스가 아직 그대로 남아 있어
어린 영혼을 더욱 산란하게 붙잡는다.
이젠 만국기가 펄럭이던 운동회도,
선후배가 어울려 고향의 정을 노래하던
동문체육대회도 잊혀진 지 오래다.

이렇듯 눈에 비치는 고향의 모습은 나로 하여금
쓸쓸한 발길을 되돌리게 한다.
막상 찾아가 둘러보는 고향의 현실 상황은
추억 속의 사진과는 사뭇 다르다.
고향도 향수도 우리가 타관에 나와 삶이 외롭고
힘들다고 느껴질 때, 마음속에 담아두고 그리워하는
것 그 자체가 아름답고 그리운 것이리라.

묵밥

아버지 기제사 때 고향 형님댁에서 도토리묵 몇 모를
가져왔기에 오늘 저녁 내 손으로 묵밥을 만들어
모처럼 추억의 요기를 했다.
묵밥은 겨울철 우리 충청도에서 많이 먹던 향토음식이다.
도토리묵이나 메밀묵을 가늘게 채로 썰어서
잘게 썬 김치와 깨소금 양념을 적당히 뿌리고
따끈한 국물을 부어서 말아먹으면 맛이 그만이다.
여기다 마른 김을 부셔서 꾸미로 올리면 금상첨화.
이렇게 먹어도 좋고 찬밥을 약간 말아서 먹어도 좋다.
묵밥은 겨울날 짧은 해에 점심 요기로나
긴긴밤 허기를 메꾸기 위한 밤참으로는 더할 나위 없다.
가난했던 시절 몇 끼니를 먹다 보면 허기진 뱃가죽에
힘이 없고 괜스레 서러운 생각까지 들기도 했던
호구지책을 위한 구황식품이기도 했다.

개울 건너 맨 꼭대기 용수네 집에선
겨울철만 되면 으레 묵을 쑤어서 팔았다.

그래 용수네를 마을에서는 묵집네라 불렀다.
집 앞 개울가 샘터엔 언제나 도토리나 메밀을
우려내는 옹기판재기가 즐비하게 널려있었다.
농사지을 토지가 별로 없었던 용수네는
동네 장사를 해서 겨울 한철 어려운 살림을 꾸려나갔다.
예전에야 30여 호戶는 되었으니 작은 마을에서
큰돈이야 될까마는 특별한 소득 거리가 없는 그네들로서는
묵 장사로 그나마 힘겨운 살림에 보탬을 하였다.
지금이야 한겨울에도 비닐하우스 농사로 한가할 틈이 없지만
예전의 겨울철은 말 그대로 일손을 놓는 철저한 농한기였다.
기껏해야 사랑방에 모여 가마니나 담배꺼치를 치고
내년 농사에 소용될 새끼를 꼬는 일이 고작이었다.
그러다 심심하면 화투나 몇 판 돌려 묵내기를 했다.
그 시절엔 고스톱이란 걸 몰랐다.
나이롱뽕이나 육백치기가 내기 화투엔 제격이었다.
밤이 깊어지고 일찍 먹은 저녁이 배가 출출해지면
뜨락에 바짝 얼은 고무신을 끌고 묵집으로 향했다.
솔아붙은 눈길에 달은 왜 그리도 휘영청 밝던지…

칡뿌리

봄은 언제나 양지바른 산비탈로부터 다가왔다.
겨우내 얼었던 땅이 녹으면서 아이들은 괭이와 삽을 들고
끼리끼리 어울려 밭둑이나 산으로 치달아 올랐다.
바싹 마른 칡덩굴을 헤치며 줄기가 굵은 것을 골라
땅을 파며 칡뿌리를 캐는 일이 유년 시절 아이들의 일과였다.
뿌리는 땅속 깊이 들어갈수록 끝없이 길게 박혀 있어
때로는 한나절을 매달려야 끝을 볼 때도 있곤 했다.
물론 깊이 박혀있는 것일수록 뿌리가 굵고 실했다.
어른 팔뚝처럼 통통하게 알이 밴 것들이 있는가 하면,
운이 좋으면 장정들 허벅지 같은 아름드리도 건질 수 있었다.
굵기가 웬만한 것들은 낫으로는 잘라지지 않고
나무를 자르듯이 톱을 사용해야 토막을 낼 수 있었다.
칡뿌리는 수분이 많고 달짝지근하여 아이들 입맛에 잘 맞아
너나없이 한 토막씩 주머니에 넣고 다니며 씹었다.
알통이 잘 밴 것은 씹을수록 입 안 가득 녹말이 우러나서
섬유질 찌꺼기가 거의 남지 않을 정도로 맛이 있었다.
하긴 그 시절 아이들뿐만이 아니라 어른들도 일삼아

칡을 캐다가 여러 가지 음식을 해 먹곤 했다.
칡뿌리를 잘게 썰고 다시 쪼개어 절구로 찧어서 우려낸
녹말은 가루로 말렸다가 송편이고 떡이고 별식이 되었다.
식량이 부족한 시절 일종의 대용식이고 구황식품이긴 하지만,
오늘날에 보면 온전한 천연식이요 자연식품이다.
뿐만이랴, 열을 내리고 술독을 푸는 데도 그만이고
위장이 약한 사람에겐 강장으로 쓰이는 약재이기도 하다.

고향 선산의 부모님 산소 앞이 잡목과 산딸기 덩굴로
시야가 좋지 않아 늘 신경 쓰이던 차에 이번 한식을 기해
종중 식구들을 모으고 포크레인을 불러 하루 작업을 했다.
산자락 흙살이 좋은 양지녘이라 땅을 파헤칠 때마다
아름드리 칡뿌리가 헤아리지 못할 정도로 무수히 나왔다.
종일 캐낸 것이 승용차 트렁크에 가득하고도 넘치기에
중간 크기의 것들을 골라 여남은 남짓 가져왔다.
우선 수세미로 잘 씻어서 톱으로 잘게 토막을 내서는
마르지 않게 비닐봉투에 담아 냉장고에 넣어두었다.
몇 개는 생으로 즙을 내서 마셔도 좋겠고,
또 몇은 파적破寂삼아 심심풀이로,
또 나머지는 말려 두었다가 갈근탕으로 써야 할까 보다.
두어 개를 넣고 물을 끓여 은은한 칡 향을 음미하니
옛적 아득한 꿈이 주마등처럼 스친다.

알밤 줍기

고향의 가을은 밤나무가 늘어선
산자락에서부터 서서히 다가왔다.
추석을 지나면서 밤송이가 하나둘씩
터지기 시작하여 짙어가는 가을빛과 함께
알밤이 갈색으로 익어갔다.
가을이 되면 나 혼자 유난히 마음이 바빴다.
오곡이 풍성해지고 온갖 과일과 산열매가
다투어 익어가는데, 밤이며 호두며 으름이며
때 놓치지 않고 따러 다녀야 하기에 학교를 파하고
나면 가을 해가 언제나 너무 짧기만 했다.

밤나무야 산이고 들이고 이 땅 어디나 지천으로
깔려있지만 산밤은 도토리만 한 것이 너무 잘아서
줍는 재미가 덜하고 개울 건너 밭둑의 아름드리
당숙네 밤나무가 어린 마음을 사로잡았다.
밤새 바람이라도 세게 불라치면 잠을 설치기 일쑤였다.
토실토실한 알밤이 풀섶에 소복이 떨어져 뒹굴텐데

다른 아이들이 먼저 달려갈까 조바심이 일기 때문이다.
자다가도 몇 번씩 잠이 깨어 바깥을 내다보곤 하다가도
설친 눈을 비비며 날이 채 밝기도 전에 종다래끼와
낫을 들고 어둑한 풀섶길을 더듬곤 했다.

계절을 재촉하던 가을비가 며칠간 오락가락하더니
오늘은 뭉게구름이 목화솜처럼 피어오르고
따가운 햇볕에 바람조차 살랑이는 전형적인 가을 날씨다.
밤을 따러 가기엔 더없이 좋은 날이겠거니.
모처럼 이 가을날에 산바람도 쐬고 유년의 꿈에도
젖어보리라 배낭에 낫을 하나 챙겨 식전 댓바람에
두물머리 강변길을 끼고 양평으로 나섰다.
산자락 가득 밤나무를 심어만 놓고 관리를 못 한 탓에
말 그대로 무주공산無主空山이라 이른 아침인데도
몇몇 산꾼들이 벌써 한 자루씩 메고 산자락을 내려왔다.
산비탈을 몇 바퀴 오르락내리락 풀섶을 헤쳐 보나
숱한 발길들이 진작에 다녀가고 난 뒤인 것을.

사람들 손길이 덜 탓을 법한 외진 곳으로 옮겨
빼곡한 억새와 싸리나무, 옻나무 숲을 헤치노라니
낙엽과 풀섶 사이에 수없이 깔려있는 저 알암들…
산초나무를 비껴가느라 가시에 찔려 손등엔

핏방울이 맺히지만, 밤알 한 톨 한 톨엔 잊혀졌던 추억이 살아오르고 주머니와 배낭은 순수의 동심으로 잔뜩 채울 수 있었다.

유년의 추억이 서린 토실한 알밤

맷돌

몇 해 전 철원 전적지대를 돌아 한탄강으로 돌아오는 길에
연천의 전곡에 들러 맷돌을 하나 사 온 일이 있다.
TV에서 평생 맷돌을 다듬으며 산
노인을 소개하는 프로를 보고,
언제 한번 찾아봐야겠다는 생각을 하고 있던 차에,
마침 그 동네를 지나는 길에 찾아갔던 것이다.
면 소재지 작은 마을 한적한 변두리, 나지막한 언덕배기
밑자락쯤에서 돌을 다듬는 영감을 만날 수가 있었다.
묘비나 상석, 불상 등과 같은 그럴듯한 석물을 깎는 것이 아니라,
물건이라고는 달랑 맷돌 한 가지뿐이었다.
한 달에 여남은 정도 팔리기는 하나, 대개가 장식용 소품이고
가정에서 쓸 수 있는 큼직한 것들은 찾는 이가 없다 했다.
옛날 같으면 집집이 맷돌 하나씩은 있어야 하기에
장사가 되었는데 자동화된 기계 문명 시대에
맷돌을 고집하는 이가 몇이나 있으랴.
전통적 농경사회가 무너지고 산업사회로
이행되는 과정에서 우리의 고유한 민구류가

짧은 기간에 자취를 감추어 버렸다.
맷돌은 두부 만드는 일 외에도 용도가 퍽 다양했다.
볶음콩을 갈아서 인절미 떡고물을 만들 때도 소용되고,
부침개를 해 먹을 때는 녹두나 팥도 맷돌에 갈았다.
명절이나 제사 때 두부도 콩 두세 말 정도는 했고,
엿도 쌀과 수수를 섞어 몇 말은 해야 했다.
그럴 때면 집안에서는 밤새 맷돌질이 이어졌다.
저녁상을 물리고 시작한 일이 밤이 이슥하도록 이어지다 보면,
팔도 뻐근하고 지루한 생각에 잔꾀를 부리며 이불 속으로 들어가
입담 좋은 당숙모의 세상살이 얘기를 듣다가 잠이 들곤 했다.
두런두런 돌아가는 이야기에서 동네 형편도 주워듣고,
어머니의 한숨 속에서 집안 살림의 어려운 사정도 느낄 수 있었다.
맷돌에는 어머니의 고된 삶의 흔적이 배여 있고,
나의 어린 시절 철모르던 소박한 꿈과 서정이 깃들어 있다.
단순히 과거에 대한 향수만은 아니다.
아내와 아들딸 둘러앉아 한마음으로 맷돌 자루를 잡고
오순도순 얘기하며 가족의 정을 나누고 싶은 것이다.

주말이면 가끔 두부 만드는 일을 시도했다.
첫 번엔 간수의 양을 너무 넣었는지 두부가 단단했고,
두 번째는 미처 덜 엉긴 것을 퍼내어 눌렀다가 문드러져 버렸다.
언젠가는 콩물을 끓이다 엉기게 하는 간수가 떨어졌다.

강릉 초당 두부를 바닷물로 간을 한다는 소릴 들었는데,
간수가 없으니 대신 소금을 풀어서 해보기로 작정했다.
맷돌에 간 것을 자루에 넣고 한참을 주물러 콩물을 다 뺐다.
이것을 커다란 들통에 담아 불에 올려 가열하며
긴 나무주걱으로 천천히 저어 주니, 두붓물이 끓어오르려 한다.
콩물이 끓어서 넘치면 실패다. 솟아오르기 직전
타임을 놓치지 말고 소금물을 조금씩 서서히 부었다.
순두부가 엉기는 상태를 보아가며 적당량을 잘 조절해야 한다.
성공 여부는 이 순간에 달려있는 것이다.
순두부가 멍울지기 시작하면서, 성공의 기미가 보인다.
함지박에다 헝겊 자루 놓고 순두부를 퍼서 여기에 담는다.
자루를 묶어 널빤지를 올려놓고는 맷돌로 몇 시간을 눌러주었다.
저녁에 확인해 보니 제 모습을 갖춘 두부가 되어 있었다.
세 번만에 완전한 성공을 거둔 것이다.
저녁은 콩비지장을 끓이고 다음 날 아침은 두부찌개로 챙겼다.
사 먹는 두부에서 맛볼 수 없는 옛적 고향의 맛과 함께
고단하게 살다 가신 내 어머님의 모습이 아련히 비쳐 오른다.

털레기국수

점심點心의 한자는 아침과 저녁 사이에
간단히 점을 찍는다는 뜻이다.
조선시대 초까지만 해도 우리 식생활은 하루 두 끼였다.
그러다가 후기에 들어 형편이 나아지면서 점심이 생긴 것이다.
그렇다고 끼니를 갖추어 먹는 것이 아니라
점을 찍듯이 간단히 챙겨 먹는 정도였다.
어린 시절에도 겨울날 점심은 찬밥이나 고구마 정도로
간단히 챙기고, 좀 낫게 털레기국수를 먹기도 했다.

오늘처럼 비가 오고 혼자 집에 있는 날 점심은 간단히
해먹을 수 있는 털레기국수가 제격이다.
멸치와 다시마를 넣고 우려낸 국물에 익은 김치를 넣고 끓이다
김치가 웬만큼 익었을 때 국수를 넣고 좀 더 끓이면 된다.
김치를 빼면 잔치국수가 된다.
김치를 넣었기에 간도 웬만큼 맞고 국물도 칼칼하고 시원해서
좋다.
국물에 찬밥을 몇 순갈 넣고 말아먹으면 금상첨화다.

어릴 때 식성은 평생 가는 것 같다. 보릿고개를 넘기며 먹던 고향 음식들이 나이가 들어서도 좋다.

그 음식들엔 어머니의 손맛이 깃들어 있고 유년 시절의 추억과 고향 산천의 정취가 그대로 녹아있어서 좋은 것이다.

2018.

대학찰옥수수

요즘 집에서 하루 세 끼 식사를 하다 보니
점심 식사가 좀 그렇다.
매번 외식을 나갈 수도 없고, 그렇다고 점심마저
밥으로 채우기엔 왠지 지루하고 따분한 느낌이 들기도
하려니와 입맛 또한 수긍하지 않는다.
그래 내 나름의 특별한 여름 별식을 즐긴다.
아침과 저녁 그 중간을 간단히 점으로 때운다는 '점심點心'이니
옥수수 한 통에 감자나 햇고구마 두 개면 족한 식사가 된다.
일전에 고향의 형님께서 감자와 옥수수를 흙도 채 마르기 전
보내 주신 것이 요새 내게 요긴한 메뉴가 되고 있는 것이다.
옥수수는 물론 우리 고향의 특산물인 대학찰옥수수다.

근래 들어 유명세가 한창 뜨고 있는 대학찰옥수수…
옥수수를 좋아하는 이들에겐 그 명성이
이미 익숙해진 이름으로 한번 맛을 본 사람은 다른 것을
찾지 않고 대학찰옥수수만을 고집한다.
낱알의 씨눈을 둘러싸고 있는 찰성녹말로 찰기가 뛰어나

일반 찰옥수수와는 전혀 다른 감칠맛과 높은 당도를 느끼게 한다.
옥수수 알이 8줄 또는 10줄로 외형은 일반 옥수수보다 통이 가늘며
껍질이 얇은 까닭에 먹고 난 후에도 치아 사이에 끼는 것이 없고
또한 입 안이 깔끔하고 개운하다는 점이 가장 뛰어난 특징이다.

하필이면 왜 그 이름이 '대학옥수수'인가.
품종 명칭치고는 낯설고 어색하지만
대학교수가 개발했다 해서 붙여진 이름이다.
괴산군 장연면 출신의 최봉호 박사(당시 충남대 교수)가
1991년부터 12년간의 연구 끝에 개발에 성공한 신품종이다.
한때 뉴스의 초점에서 각광을 받았던 김순권 박사(경북대 교수)가
슈퍼 옥수수를 개발하여
제3세계의 식량난 해결에 크게 공헌한 바 있다.
이에 비해 최봉호 교수는 옥수수의 품질 향상을 위한 연구에
몰두하여 2002년 '연농 1호'라는 이름으로 그의 고향인
괴산군 장연면에서 대학옥수수를 처음 재배하게 된 것이다.
김순권 박사나 최봉호 박사는 한국이 낳은
세계적 육종학자임이 틀림없다.
그러나 최봉호 교수의 연구 결과는 국내에서
별 관심을 끌지 못했던 것 같다.
지방대학 무명 교수라는 타이틀 탓이 아니었던 가 싶다.
국내에서 시선을 받지 못했으나 미국의 연구기관에서

그의 존재를 먼저 인정하고 연구원으로 모셔
가면서 특허권까지 차지해 버렸다.
인물을 알아보지 못한 우리의 우매한 눈과 귀를 탓해야 할까?

가난한 고향 사람들을 위해 그는 대학옥수수의 종자를
장연면에 처음 보내다가 괴산군 일원으로 확대하고
그 일부를 처가가 있는 전북 무주에도 보냈다.
따라서 대학옥수수의 산지는 전국에서
괴산과 무주 두 곳으로 한정된다.
대학옥수수는 특성상 그 이듬해 심으면 열성인자가 되어
잡종 옥수수가 되기에 매년 일정 양의 씨앗을
미국으로부터 새로이 제공받아야 한다.
다른 곳에서 대학찰옥수수의 종자를 구해서 심는다고 해도
꽃가루받이를 할 때 근처에 잡종 옥수수가 있으면
수정 능력이 강해 고유의 제맛을 내지 못한다.
그러므로 괴산대학찰옥수수는 집단적으로 이것들만 대단위로
심어 대학찰옥수수의 순도를 유지하고 있다.
일반 옥수수가 한 포기에서 3~4개를 수확하는 데 반해
대학찰옥수수는 포기당 하나밖에 열리지 않는다.
따라서 생산량이 제한적일 수밖에 없다.
출하 시기가 7월 중순부터 10월 초까지 이어지는 것은
날짜의 간격을 두고 파종을 하기 때문이지

한 포기에서 두고두고 따내는 것은 아니다.

대학찰옥수수의 이같은 사연과 특성을 알고 먹으면

그 맛이 한결 소중하고 오래도록 기억에 남을 것이다.

사라져가는 산골학교

초등학교는 누구에게나 추억의 본향이다.
운동회날은 아이들만의 행사가 아니고
인근 동리 주민들의 축제장이었다.
소풍 때도 엄마나 누나가 따라오고
때로는 아버지나 형들이 동행도 했다.
옛날 일이긴 하지만 학교에 공사가 있게 되면
학부모들이 부역을 나가 며칠이고 도와주었다.
뿐만 아니라 영화라도 들어오면 운동장에
하얀 광목으로 막을 치고 처녀와 총각들을 불러들였다.
또한 졸업해 나간 이들이 고향에 모이는 추석 명절엔
어느 초등학교에서나 동문체육대회가 열리곤 했다.
이렇듯 마을의 학교는 지역사회의 문화센터였고
정신적으로 하나가 되는 구심점 역할을 했다.

우리 고장의 내 모교 초등학교는 오래전에 문을 닫았다.
읍에서 시오리나 떨어진 산골학교이기는 했지만
역사도 40여 년 이상이나 되었고

폐교 당시 학생 수도 30명이 넘었다.
분교가 아니라 어엿한 독립 단위학교였다.
주민들은 분교로라도 명맥을 유지해 달라고 사정했지만
일면일교一面一校라는 경제 논리에 밀려 폐교가 된 것이다.
그 이후로 초등학생들의 운동회도 볼 수 없고
자연히 동문들의 애환 어린 체육대회도 막을 내렸다.
스물여덟 우리 동기들도 더 이상 고향에서 만나는 일이 없어졌다.
폐허의 텅 빈 운동장엔 5학년 때 내가 심고 가꾸었던
플라타너스가 머리통을 잘리고도 다른 세 그루와 함께
천행으로 남아있어 그나마 나의 공허와 상심을 달래줄 뿐이다.

이제 우리 마을도 고작 13가구에 주민은 스무 명 정도다.
그나마 들어온 집이 여섯이고 토박이는 일곱 집뿐이다.
젖먹이도 초등학생도 없고 군대 간 청년도 없다.
칠순을 넘긴 내 형님이 동네 막내라 했다.
젊은이가 없으니 아기 울음소리가 골목에 들릴 리 만무하고
아이들이 없으니 학교도 유지하기 어려운 줄은 안다.
그러나, 학교가 없는데 자식 교육을 어찌 시키겠는가.
닭과 계란의 우선 논쟁 같은 상호 악순환이 혼란스럽다.
자녀 교육이 불가하니 고향을 등지고 대처로 나갈밖에.
부모가 떠나고 아이들이 따라 나간다.
심지어 선생님들도 시골 생활이 답답하다고 도시를 찾는다.

금수저 아이들은 선진교육의 환상에 젖어 유학을 떠나고
산골의 아이들은 학교를 찾아 대처로 흘러간다.
지금도 매년 농어촌 학교들이 수십 개씩 사라지면서
지역민의 공동체 의식도 함께 와해되어 가고 있다.
개천에서 용 난다 했는데 이제 산골 마을 어느 곳에서도
미꾸라지조차 나오기 어려운 세상이 되었나 보다.

오래 전에 폐교된 모교 신기 초등학교 (충북 괴산)

하모니카

음악을 전공으로 하는 사람이 아니라도 바이얼린이나 색소폰 같은 고급 악기들을 일반인이 쉽게 대하면서 악기도 대중화가 많이 되었다. 요즘엔 퇴임 후의 여가로 악기 연주를 배우는 이들이 주위에 많이 있다. 어는 것이든 간편하게 휴대할 수 있는 악기를 한 가지쯤은 배워두는 게 좋을 것 같다.

6070세대들의 학창시절엔 우리 사회가 경제적으로 어렵고 산업이 그리 발달하지 못한 시대였기에 개인이 쉽게 접할 수 있는 악기도 상당히 제한적이었다. 대체로 시골 청소년들에겐 하모니카가 유행하였고, 도시 청소년들에게는 기타가 꽤나 인기있는 악기였다.

우리 마을의 유일한 고등학생인 어느 형은 하모니카를 책가방이나 주머니에 항상 넣고 다니면서 시시때때로 불어댔다. 여름날 저녁 동구 밖 느티나무 아래서 하모니카를 불어대면 나도 모르게 그 소리에 빠져들곤 했다.

내가 하모니카를 처음 대하게 된 계기는 초등학교 6학년 때다. 시집간 큰누나 집에 갔을 때 매형님이 불던 것을 달라고 보채서 가져온 것이 하모니카와의 인연의 시작이다. 악보도 연주 방법도 모르면서 틈만 나면 혼자 마구 불어댔다. 그렇게 해서 하모니카를 배우게 되고 지금 이 시절까지 언제나 하모니카를 지니고 다녔다.

학교가 끝나고 돌아오는 길에 개울가 바윗돌에 올라앉아 불기도 하고, 뒷동산 소나무 나뭇등걸에 걸터앉아 불곤 했다. 청년이 되고 더 나이가 들어서는 등산을 할 때 산마루에 올라 불기도 했다.

오동나무에 귀뚜라미 울어대는 고즈넉한 달밤에도, 오랜 타관 생활에 고향 집이 그리워질 때도, 나이가 들면서 삶이 허허롭고 고독감에 휩싸일 때도 하모니카는 언제나 마음을 의지하는 일상의 반려였다.

하모니카 소리는 요란한 기교를 부리는 것보다 차분하고 다소곳이 들리는 무기교의 소리가 한껏 정겹고 여운이 있다. 하모니카의 음률은 추억의 리듬이고 애환 서린 인생살이인 것이다.

이것저것 낡은 것까지 여남은 개 서랍 속에 남아있는 것들을 들여다 보니 하모니카에 깃든 내 삶의 흔적들이 주마등처럼 스쳐간다.

고향의 인심

고향 가는 길에 음성陰城 읍내를 스치곤 하는데
마침 장날인 데다가 문화제가 열리고 있어
읍내 전체가 잔치 분위기로 흥성거리고 있었다.
축제는 뭐니 뭐니 해도 먹거리 장터가 최우선이다.
고소한 기름 냄새를 느끼며 가을 먹거리가 풍성한
장터 골목을 오르락내리락 왕복으로 훑으니
고향의 투박한 정취가 머릿속으로 가슴으로 젖어 든다.
길 양쪽으로 온갖 노점상과 포장마차가 즐비하고
공설 운동장 안에서는 체육대회가 벌어지고 있었다.
널찍한 앞마당에서는 면面 단위로 차일을 쳐놓고
같은 부락 사람들끼리 식사와 술판을 즐기며
정담을 나누고 있는 모습들이 불현듯
마음속 깊은 곳에 잠자던 유년 시절의 향수를 뒤흔들었다.
술잔을 건네며 정담을 즐기는 그들의 모습엔
한 해 농사의 고단했던 심신을 털어내는 행복감이 깃들어 있다.
간간이 터지는 너털웃음 소리엔 욕심의 그림자를 느낄 수가 없다.
물론 아는 얼굴이야 없지만, 모두가 고향의 내 형님 모습이며 일찍부터 지게질에 익숙했던 내 친구들의 모습이 아니던가.

장터 식당보다는 고향의 맛을 느껴볼 수 있는
무어 좀 색다른 것이 없을까 축제마당을 바퀴 둘러보았다.
소이면은 장국밥, 금왕읍은 소머리 국밥,
원남면에서는 올갱이국으로, 모두가 다양한 향토음식이었다.
그런 중에도 복숭아의 명산지 감곡면 사람들이 먹고 있는 묵밥이
까마득한 추억과 함께 오랫동안 잊었던 입맛을 당기게 했다.
묵밥은 겨울철 우리 고향에서 많이 먹던 토속음식이다.
도토리묵이든 메밀묵이든 가늘게 채로 썰어서
잘게 썬 김치와 깨소금 양념을 뿌리고 따끈한 국물을
부어 후루룩거리며 퍼먹노라면 세상 행복이 내 것이었다.
여기에 밥을 한술 말아서 먹으면 한 끼 요기로는 그만이었다.
어른들은 사랑방에 모여 화투놀이로 묵 내기도 많이 했다.
묵밥은 어린 시절의 추억과 애환이 깃든 고향의 음식이다.
묵말이든 묵밥이든 별미임이 틀림없지만
가난했던 시절 호구지책 해결을 위한 구황식품이기도 했다.

불현듯 묵밥도 한 그릇 먹고 싶어지고
고향의 축제 분위기에도 젖어보고 싶은 생각이 들어
다짜고짜 주춤거리는 폼새로 차일 속을 파고들었다.
색깔 고운 한복을 차려입고 마을 일을 보던 아낙이

처음 보는 낯선 얼굴이 이상하다는 표정이다.
"묵밥 한 그릇만 주세유."
"파는 게 아니구유…"
"예, 알아유. 묵밥이 먹고 싶어 들어왔어유."
그대로 좌판에 주저앉아 누군가 먹다 남긴 파전을
집어 먹으며 막걸리 병도 들어서 한 잔 따르고 있자니
예의 그 아낙이 도토리묵 한 사발과 밥을 차려주었다.
본래 우리네 잔치 인심은 본동 타동 사람을 가리지 않고
불러다 먹이고, 심지어는 지나가는 나그네까지도
끌어들여 술과 음식을 배불리 먹여서 보내지 아니했던가.
내 잠시 스치는 행인이 되어 실로 오랜만에
잊었던 고향의 옛 맛을 기억 속에서 찾아내었다.
"우리네 충청도 고향 인심은 아직도 그대로야."
고향 사람들의 따뜻한 인정이 자랑스럽고,
그 아낙의 인정이 마냥 고마울 뿐이다.

귀촌과 텃세

텅 비어 가는 산골 내 고향 마을에도
몇 해 전부터 타곳 사람들이 들어와 살고 있다.
온 동네를 합쳐 열여섯 가호에
새로 들어온 이들이 여섯 집이나 되니
그들의 비율이 삼분의 일을 넘는 셈이다.
한 집은 내 어릴 때 서울로 나가서
동대문 시장의 큰 부자가 되었다는 이의 후손이고,
다섯 집은 연고도 없이 찾아든 이들이다.
부자의 아들은 동네 가운데 고대광실을 짓고
집안이 보이지 않을 정도로 높은 담장까지 둘렀는데,
일 년 가야 한두 번 다녀갈 정도라 했다.
아비가 고향 출신인데도 마을에서는 뒷말들이 많았다.
본래 시골 마을들이 집성촌이 많고
몇 대씩 터를 잡고 살아온 토박이들만의 집단사회라서
인접 문화에 대한 거부감과 배타성이 강하고
외래인에 대해서는 이유 없이 텃세 기질을 보이기도 한다.
심리적으로 거리를 느끼는 이질 요소는 쉽게 수용하지 못한다.

그러나 외지에서 들어온 이방인이더라도 그의 노력 여하에 따라
토박이들과의 관계가 쉽게 교유되고 동화될 수도 있다.
반면에 자신의 지위나 부富를 과시하며 거들먹거리거나
촌사람들이라고 얕보고 무시하는 행태를 보이면
토박이들로부터 당연히 외면을 받을 수밖에 없다.
'촌놈'들이 텃세를 하더라는 이야기를 적지 않게 들어왔는데
자신의 처신 여하에 따라 주민들의 반응이 달라짐을 알았으면
한다.

우리 마을은 어른들의 생일 아침밥을 서로가 나누어 먹는
풍습이 오래전부터 내려오고 있다.
마을이 작다 보니 새로 들어온 이들도 불러
아침을 대접했다고 한다.
우리 뒷집에 들어온 이는 중앙정부 고위직을 지냈다고
본인이 힘주어 말하는 모양인데,
본인 생일을 자식들도 내려왔지만
소리 소문도 없이 자기 가족들끼리만 챙기고 지나버렸다 한다.
남의 생일엔 부름을 받아 얻어먹고 자신의 생일은
입을 닦아 버리면서 '촌놈들의 텃세'를 운위할 수 있겠는가.

또 하나 다른 이의 이야기…
서울 장위동에서 50대에 우리 마을로 들어왔다는 정 씨.

내 기억으로는 외지인의 유입이 없었던 마을에서
생면부지의 척박한 인심 속에서도 불구하고
그는 몇 해 만에 이 동네 사람으로 뿌리를 내렸다.
그는 저만큼에서 강 건너 등불만 구경하는 이방인이 아니었다.
동네 사람들이 바빠하면 때를 가리지 않고
읍내를 들락거리며 장을 대신 봐다 주기도 하고
농사일 경험이 없으면서도 시시로 잔일을 돕기도 했다.
좀 한가한 틈에는 동네 어른들 바다 구경도 시켜드리고
마을 사람이 큰 병이 났을 때는 자신의 차에 태워
서울 자기 집으로 데리고 가서 입원을 시키기도 했다 한다.
우리 어머님이 작고하셨을 때도 사흘 내내
내외분이 와서 집안사람 못지않게 초상일을 돌봐주었다.
마을 사람들은 그를 낯설어하지 않고 '서울양반'이라 불렀다.
친숙한 이웃으로, 아니 고마운 젊은이(?)로 받아들였다.
이제는 정 씨가 고향 마을을 지키는 텃새가 되고
객지로 나와 있는 나 자신이 철새가 되어 버렸다.

2005. 2. 27.

어느 귀향

날이 밝으면서 서둘러 나선 길이기에 사립문을 들어선 게 조반 때쯤 해서다. 여느 때의 길처럼 인기척이 없고 텅 빈 집이 휑하니 적막하다. 마당에 서너 마리 누렁이는 낯이 익지 않으련만, 나를 보고 짖지도 않고 멍하니 바라보기만 한다. 헛기침과 함께 방문을 열어 보았으나, 잡동사니 살림살이만 어수선할 뿐 아무 기색이 없다. 벌써 농사일이 시작되어 들로 나간 모양이다. 엊저녁에 전화라도 드릴 걸 그랬구나 싶다. 형님 내외분이야 자식들 다 객지로 군대로 내보내고, 두 내외만이 일터로 나갔다지만, 팔순 노모老母께서 식전 댓바람에 어딜 나가셨을까? 오랫만에 가족들과 아침 식사라도 하려고 빈 속으로 내친 걸음인데, 두 세 시간을 물 한 모금 없이 달려왔으니 퀭한 눈에 시장기가 느껴진다.

젊은 시절의 귀향길은 설렘과 반가움으로 집안이 떠들썩하더니, 언제부터인가 나이가 들면서 고향길은 늘 이러했던 듯싶다. 생각 탓인가 옛 향리를 넘어 들어올 땐 고갯마루에서부터 벌써 심란한 회오리가 일고, 마치 고향 잃은 사람들처럼 허허로운 감상이 애틋해지기 일쑤다. 내 혈육의 인정이야 달라질 리 없겠지만, 언제나 들어서면 흉가처럼 퇴락한 슬레이트 오두막이며, 찢기고 빛바랜 문풍지, 정리되지 않은 가재도구들이 너즈러져 있는 뜨락의 정경이 을씨년스런 공허로 다가온다. 더욱이 가래 끓는 어머님의 응답 소리가 들리지 않을 때면, 여남은 살 어린아이가 되어 뒤란이며 헛간이며 구석구석 뒤지게 되고, 끝내는 산자락 끄트머리 당숙네 집에까지 수소문하게 된다. 어머니께서는 겨우내 집안에만 머물다가 이제 날씨도 풀리고 해서, 하나 남은 집안네를 둘러보시러 끝집까지 올라가셨다. 마침 내일이 한식寒食이니, 차례 준비에 참견도 하실 겸 힘든 걸음을 나선 것이다. 오늘따라 양손에 쌍지팡이를 짚고 계신 모습이 영 마음에 걸린다.

가을 타작이 끝날 즈음 올라오셔서는 몇 달 머무르다가, 설이 되면 다시 고향으로 내려와 농사철을 고향에서 도우신다. 맏아들은 전쟁에 소식 모를 곳으로 잃어버리고, 지난겨울엔 환갑을 바라보는 둘째마저 먼저 떠나보내고, 그 충격에 하루를 절명했다 깨어나시더니 여든다섯의 노구가 이젠 바싹 쇠잔해 지셨다. 그럼에도 힘겹게 외출하여 봄볕을 찾아 나선 것이다.

"느 아부지 산소가 흙이 좋지 않아 떼가 못 사는데, 저 아래 돼기밭 쪽으로 옮겨야겠다. 내 죽기 전, 느 성과 의논해 봐라. 니도 나가 있고, 느 성이 맘대로 안 되는가 부더라."

앞산 중턱 머리 잡목 숲에 가린 아버지 산소는 굵은 모래흙으로 잔디가 듬성듬성하니 뵙기에도 너무 묵었다 싶다. 간단한 주과포로 재배를 드리고, 막내의 장성을 못 보신 회한을 삼가 뉘우침으로 위로를 바친다. 글쎄, 아무래도 내 형편이 형님보다야 나을 텐데, 그간 도시 생활 핑계로, 또 막내둥이를 구실로 등한시했던 게 사실이다.

"느 형 담배 심는 데 가서 인사나 하고 가거라. 점심은 밭에 가서 얻어먹고. 하루 저녁 자고서 내일 가면 안 되냐? 집안들이 오실 텐데…"

담배밭은 아랫동네 건너편 골짜기 맨 꼭대기에 있다. 농로를 따라가면 오리쯤 되는 거리다. 마른 풀더미와 우거진 산비탈을 가로질러 이장네 밭둑으로 돌아서니, 마을 사람들이 남녀노소할 것 없이 바쁘게 서성거린다. 형수님은 물가에 솥을 걸고 점심 준비에 여념이 없다. 일손을 덜기 위해 아예 들에 나가 취사를 하는 게다.

일하는 마을 어른들의 면면이 하나같이 중노년들 뿐이다. 칠순의 태규 부친은 구덩이를 파고, 회갑이 훨씬 넘은 성 서방은 연신 담배 모종을 놓고, 뒷골 아저씨는 비닐을 씌우고 있다. 경운기를 모는 형님은 오십이 내년인데 남자로는 동네 막내다. 물을 주고 담배 모종에 흙을 덮는 아낙들은 한결같이 희끗희끗한 머리에 굼뜬 손놀림이 더디고 힘들게 보인다. 젊은 것들은 죄다 타처로 나가고 늙은 부모들만 시골에 남아서 적은 농토를 의지하며 고향을 지키고 있다.

청년패들은 고되고 벌이가 신통치 못한 농사를 걷어치우고, 고개를 넘어 떠나간 지 오래다. 남아 있던 아이들도 나이가 차면서 하나둘씩 총총히 떠나갔다. 나도 일찌감치 학업을 빌미로 이들보다 훨씬 먼저 보따리 메고 산마을을 등졌다. 어느새 불혹不惑의 중반을 넘어서, 자식이 옛날 고향을 나설 때의 내 나이가 되었다. 그새 마을은 빈집들이 늘더니, 그나마 허물어지고 이젠 예전의 절반도 되지 않는다. 아이들의 놀이터였던 창고 앞마당은 잡초 무성한 퇴비 자리로 변해 버렸고, 달순네, 기택이네, 기철네 집터는 밭 자리로 바뀌었다. 골목 어디에도 아이들의 왁자지껄한 소요가 들리지 않는다.

재작년 추석 때의 국민학교 운동회는 차라리 학급 체육 시간만도 못했다. 전 교생 40여 명에 1학년이 4명이라 했다. 그나마 우리 마을은 1, 2학년이 아예 없었다. 교장 선생님의 말씀이 곧 분교로 될 텐데, 그렇게라도 유지되면 다행이겠으나, 머지않아 폐교의 운명에 놓이게 될 것이 자명하다는 것이다. 학교로서도, 주민들도, 졸업생 동문들도 안타까워 할 뿐 대책이 없다. 심지어 군교육청 당국에서도 속수무책이란다. 지난해 언론에 떠들썩했던 경기도 가평의 두밀분교 이야기가 어찌 그곳만의 문제이랴.
운동장 한쪽엔 5학년 때 내가 심고 물을 주며 가꾸었던 플라타너스가 거목이 되어 넓은 그늘을 만들어 주고 있었으나, 주인조차 인연을 끊어버린 나무는 세월의 아픈 고독을 속으로 앓고 있었다. 이삼 십 대의 젊은 층이 없으니 어찌 학생들이 있을 수 있겠으며, 학생이 없는 학교가 어떻게 존속될 수 있겠는가? 학교가 없어지고 나면 몇 남지 않은 아이나 부모마저 다른 이들처럼 고향을 등질 수밖에 없다.

학생 감소는 폐교로 이어지고, 폐교는 주민들의 이향離鄕을 촉진하고, 이렇게 악순환이 거듭될 수밖에 없는 우리의 교육 현실에 기적적인 대안은 없는 것일까? 일 나간 부모를 따라와 밭뚝에서 놀거나 보채는 아이를 볼 수 없는 담배밭의 정경이 주름진 어머니의 영상과 함께 몇몇 날을 두고 교차되어 떠오른다.

서울교육, 1995년 여름호

내 누님이여

일곱 남매의 세째… 맏딸 큰누나.
스물하나 철도 덜 든 나이에 신랑 얼굴도 못 본 채
호랑이 아버지 명을 거역하지 못하고
오십 리 이웃 고을로 시집을 갔다.
원 세상에…
조선 시대도 아닌데 신랑감을 결혼 날에나 보다니.
아버지 혼자 가셔서 사주단자 받아오고
혼인 날짜까지 잡아 오셨다.
창녕 성씨 종가집이라고
집성받이 백여 호 큰 마을 한 복판
옛날부터 내려오는 고래등 기왓집이라더니
결혼식 날 아버지가 위손으로 다녀오시더니
평생 안 보이시던 눈물을 떨구셨다.
종가도 아니고, 고래등 기와집도 아니라고
동네 맨 끝 언덕배기 오두막집으로 가마가 들어갔다고.
시할아버지는 달달봉사, 시할머닌 중풍
시부모님 양친에 손아래 시누이가 셋,

시동생 하나까지 꼭 열 식구의 맏며느리가 되었다.
종가가 아니라 종토를 부치는 소작농 집이었다.
귀한 맏아들 매형이란 사람은 성격은 한없이 좋은데
농사일엔 아주 영 아니었다.
젊어서부터 이장이나 한답시고
하고한 날 읍에 나가 살았다.
내 누님은 새댁 시절부터 지게 지고 집안 농사
상머슴이 되어 평생을 가난하게 살아왔다.
그래도 친정 와서는 한마디 내색도 않고
사임당보다도 더 조용히
당신의 숙명으로 받아들이고
혼자서 눈물을 닦으셨다.
원래 말수가 적고 편안한 표정,
적당히 복실 하고 인상 좋은 얼굴은
국화 옆에서의 원숙한 내 누님,
전형적인 그 모습 그대로였다.
그래도 시집가기 전 친정에서는
어려움 모르고 자란 소중한 맏딸이었는데.
딸만 셋 낳고 시집살이도 무던히 했지.
막내로 아들 하나 겨우 얻고
십몇 년 만에 시집 식구가 되었단다.
공평하지 못한 세상

조물주의 편애는 부익부에 빈익빈.
한생을 허리 한번 못 펴고 살았는데
회갑도 전에 위암 말기 선고를 받았다.
늘 소화가 안 되고 배가 아프다면서도
그놈의 돈 때문에 병원에도 못 가고
민간요법으로만 다스렸다 했다.
청주 병원에서 물림당하고
서울대 병원에서 수술에다 항암제 투여 열두 번.
몇 뙈기 전답을 팔아 치료비로 다 쓰고
살아난 목숨이야 어떻게든 살아가겠지.
반년 만에 사형선고를 어기고 퇴원해
올 하나 없던 머리도 다시 살아나고,
식사도 조금씩은 드신다 했다.
설상가상 없는 사람에게 신은 더 가혹하다.
있는 자는 더더욱 유복하게 살더라.

나에게 몇 번씩이나 눈물을 안겨주었던
그 누나가 어느새 팔순이 되었다.
지난겨울 매형님을 떠나보내시더니
금세 건강이 쇠약해져 걷는 것도 힘들어
보행기를 앞세워야 거동이 가능하다.
외딴집이라 경로당 찾기도 어려워

텅 빈 집을 혼자 지키고 계셨다.
파킨슨병으로 손은 왜 그리 떨어대는지-
유년 시절 추석날 저녁이면 개울 건너 느티나무
아래서 신파극이 열리면 뒤따라갔다가는
잠이 들어 누님 등에 업혀 오곤 했었지.
어머니를 대신해 언제나 포근하신 큰누님
'부디 건강하게 오래도록 함께 지내자고요.'
피가 물보다 진한 것은 하늘의 섭리인가 보다.

작은 인연

어려서부터 가까이 지내며 따르던 집안 동생의 편지…
동아리 누나인데 군복무 동안 편지 연락이나 하라는 것이다.
충청도 어느 산골 초등학교에서 근무하는 선생님이라 했다.
"낯모를 인연이더라도 서신이나 연락하면 그뿐입니다.
제대하는 날까지만 나의 사연을 보내려 합니다."
일 년이 지나고 첫 휴가를 나왔지만,
내내 망설이다가 그냥 부대로 돌아갔다.
미지의 상태 그대로 유지하는 게 마음 편할 것 같았다.
그러나, 알 수 없는 건 짭조름히 밀려오는 아쉬움
그런 류의 감정이었다.
바닷가 모래밭 초소에서 오전 취침 시간을 자지 않고,
슬며시 바윗등에 나와 앉아 무슨 내용이든 쓰고 또 썼다.
일기가 되고, 시가 되고, 수필이 되고 신변잡기가 되었다.
같은 내용을 그녀에게 띄우고, 또 전우신문에도 보냈다.
해안 말단 분초 사병의 글이 주기적으로 활자화되어 나왔다.
덕분에 포상 휴가도 다녀올 수 있었으나,
역시 빈 발길로 내 집만을 다녀왔을 뿐이었다.

내 생각의 전부를 지배하고 편지지와 원고지를 채워나가는
일의 모두는 그녀에게서 비롯되었고,
또한 그 덕택이었음을 나는 잘 알고 있다.

두 번째 휴가는 군복무 2년을 넘어서 나오게 되었다.
휴가라고 해야 집안에서 농사 거들다 귀대하는 것이 고작이다.
마지막 휴가인데 얼굴이라도 한번 보아야 하나,
이대로 서로간 모른 채로 매듭을 지어야 하나.
휴가 동안 내내 햄릿의 고뇌가 끊이지를 않았다.
귀대차 들어가는 길에 잠시 뵈어야겠다는 연락을 띄웠는데,
약속한 날이 방학 당직이라 약속 장소로 나올 수 없으니
나더러 학교로 직접 찾아오라는 것이었다.
그녀의 학교는 읍에서 삼십 리나 떨어진 산골학교였다.
버스가 하루에 아침저녁으로 두 번 다닌단다.
저녁 버스를 타고 들어가며 버스 기사에게 물어보니
학교 앞 종점에서 십분 간 쉬었다가 다시 돌아 나온다고 했다.
꼭 그 차를 타고 나와야 하니 조금 지체되더라도 기다려달라고
버스 기사에게 신신당부를 하고는 서둘러 교무실을 찾았다.
교실 서너 칸의 작은 학교는 텅 비어있고
여선생님 한 분만이 난로를 지키고 있었다.
마주하지도 못하고 옆쪽으로 비스듬히 떨어져 앉았기에
서로의 얼굴도 정확히 볼 수 없는 상태였다.

무슨 얘기를 나누었는지 기억도 나지 않지만
몇 마디 대화도 건네지 못했는데 버스의 경적이 울렸다.
잠시 기다려 달라는 나의 부탁에 기사님이 신호를 보내온 것이다.
시간은 사정없이 지나갔다.
더 머무를 수도 없는 상황인데 어쩔 도리가 없었다.
서둘러 하직 인사를 하고 나왔지만
십 분이 훨씬 넘어 버스는 시동을 걸고 출발 준비를 하고 있었다.
짧은 겨울 해는 서서히 땅거미로 바뀌고 있었다.
학교 쪽을 돌아보니 그녀가 창문으로 떠나가는 버스를
물끄러미 내다보는 모습이 비쳤다.
단 한 번의 상봉은 이렇게 전광석화처럼 끝나고 말았다.
제대 명을 받고 군생활 만기滿期를 알리는 편지를 끝으로
134회 걸친 긴긴 나의 독백과 사연은 끝을 맺었다.
벌써 산천이 몇 차례나 뒤바뀐 세월.
이제껏 살아오며 숱한 사람들과 오다가다 옷깃을 스치며
지나쳤겠지만, 그 이름 석 자는 아직도 생생히 맴도는데,
얼굴은 그제나 이제나 도통 기억이 나지를 않는다.
하긴 십분 남짓에 그것도 옆모습만 얼핏 훔쳐보았을 뿐인데,
그녀의 영상이 뿌연 안개로 덮어버리는 것은 당연한 일이겠다.
길에서 다시 만난들 서로간 알아보기나 하랴.

Y에게 보내는 편지

제44신

평행선은 가도가도 합일점合一點 이 없습니다.

항상 똑같은 간격을 유지하고 교차를 노력하지 않습니다.

직선 하나가 곡선을 이루어 평형이 깨어질 때 그것은 파격이 됩니다.

파격은 어느 것이든 불균형이 되고, 그것은 또 아름답지 못한 것 같습니다.

평행선의 비타협적인 대치는 두 직선 모두가 보기에 고독하며, 혼자 뻗는 모양이 의롭지 못합니다.

일 년 동안 한 바퀴를 돌아온 평행선은 본래의 상태대로 다시 출발점에 돌아왔습니다.

평행선을 굽히려는 노력은 탄력성으로 인해 무모한 짓이 됨을 알아야 할 것 같습니다.

실효 없는 낭비만큼 어리석은 일이 또 있겠습니까.

제45신

나는 무엇인가 기다리고 있었던 모양입니다.

그만큼 내 생활이 무미건조해진 듯합니다.
그저 빈 바다와 하늘만이 있을 뿐입니다.
해당화가 어우러져 핀 백사장에서 해운海雲을 바라보며
자취도 없이 떠나가는 고깃배에
나의 모든 유랑심을 실어 보냅니다.
내 발아래 바윗돌은 천 년 풍우에 부스러져
조약돌과 모래가 되어
억만 겁 후에 이곳을 지나가는 어느 나그네의 발에
다시 소리 내 밟힐 것을 예측하며
우주 삼라만상 모두가 자연의 뜻에 의해
무상히 쇠멸한다는 것을 생각해 봅니다.
오고가는 억만 인생이 다 뜬구름인 것을 어찌하랴.
심상치 않은 공허감은 단순히 의지할 애정이 없어서가 아니라,
더 근본적인 무상감인 듯합니다.
지금의 나는 무엇이든 한껏 호젓한 마음으로 조용히 대하고
또 생각하고 싶을 따름입니다.
인간사란 본래 억지로 애쓴다고 될 일이 아니라는
숙명론에 의지해 보고 싶은 때가 종종 있습니다.
오랜만에 소식을 받아 들었습니다.
모두가 유물론적인 인간의 일이니,
내 주변의 조건들이 달라지면
잡다한 번뇌도 극복될지 모르겠으나,

이렇게 꽉 배인 질식과 탄식은 과거에는 없었던 듯합니다.

정 답답해지면 다시 편지하겠습니다.

제46신

하늘 아래 1번지, 태백의 심산에 들어가

산악 유격훈련을 하였습니다.

로프를 타고 계곡을 건너기도 하고,

삼단폭포로 이어진 층암절벽을 기어올라

점프로 뛰어내리며 골골이 야호 소리를 울리기도 하였습니다.

뛰고 걷고, 종횡무진 험산을 주름잡으며 일주일을 보냈습니다.

산 소리 물소리가 전부요,

십 리 가다가 하나씩 보이는 화전민의 통나무 갈대집을

유일한 인적으로 관동의 절경을 두루 헤매노라면,

어느 샌 지 태초의 원시로 접어들고 맙니다.

구름과 안개가 발밑으로 깔리던 등성이를 내려와

박달나무 숲에 텐트를 치고 나면

산골 여울물 소리가 더욱 요란합니다.

밤은 또 어제와 같이 빗줄기로 휘갈겨

보름의 덩두렷한 달빛조차 흑막에 가려집니다.

호롱불도 촛불도 밝히지 못하는 텐트 속에

젖은 풀더미를 깔고 누웠으니

모두의 눈에는 그리운 모습들이

저마다 환상으로 되살아 오릅니다.
이런 날들을 위해 마련해 두었던
고향 산마을의 풍경을 담은 사진은
이때 유일한 한 장으로 소중히 간직될 수밖에 없습니다.
굽은 마차길을 따라가면 첫집이 내 집입니다.
담배를 피워 물고 품어대는 연기엔
온갖 사연과 고독과 추억과 연민이 있습니다.
벗님이여, 부디 평안하고 복된 날들이길 기도합니다.

전우신문, 1975. 10. 16.

나의 심산 속리산

산을 애호하는 꾼들 치고 팔도의 명산을 모두 사랑하지 않는 이 있으랴만, 나름대로 마음속에 가장 아끼는 산이 있다. 이를 두고 심산心山이라 일러두자.

나의 심산은 속리산이다. 교통사고를 겪기 전까지 허다한 산을 헤매며 월간 '산'에 오랫동안 연재도 했다만, 다른 산에 앞서 속리산은 별달리 기억해야 할 사연들이 있다. 최고봉이 천왕봉이 아니고 천황봉이니, 전자는 일제의 호칭이고 후자는 우리의 자주적이고 주체적인 명칭인 점도 그 하나다.

우리 고등학교는 3년 내내 소풍이란 행사가 없었다. 고2 여름방학 때 제주도 수학여행이 있었기는 하나 학생이 절반도 못 간 것으로 기억된다. 비공식이긴 하지만 이병학 선생님 담임인 우리 반이 속리산으로 비밀여행을 다녀온 일이 있으니, 그것이 속리산과의 첫 인연이다. 그때 강압적으로 추진했던 장본인이 박두용이다. 덕분에 고교 3년 동안 유일무이의 소풍을 기록할 수 있었으니 참으로 고마운 친구다.
또 하나, 속리산은 아내와 나의 신혼여행지다.
1970년대 후반에도 제주도로 가는 이들이 흔했는데
아내의 기대를 외면한 것이 두고두고 미안했다.
혼자 힘으로 혼사를 치르다 보니 여유가 없었다.
속리산으로 잡는 바람에 고향 집까지 쉽게 다녀올 수 있었다.
그런 연유로 평생 기억되는 소중한 인연의 산일 수밖에.

속리산은 우리 충북을 대표하는 산이다 .
그 이름만 들어도 정감이 가고 향수 같은
짭조름한 그리움도 느끼곤 한다.
속세를 떠나있기에 속리라 이름했으니
마음이 번거로운 이 문장대에 올라 포효도 외쳐보고,
복천암에 들러 면벽수행이라도 해볼 일이다.

무심천

무심천無心川은 우암산과 함께
청주를 상징하는 대표적인 지리적 명칭이다.
청주서 나고 자란 사람은 물론 나처럼 청소년 시절
인연을 맺었던 이들에겐 언제나 추억 속에
생생히 살아있는 마음의 고향이다.
어쩌다 '무심천' 말만 들어도 가슴이 소용돌이치는 것은
그만큼 그리움이 작용한다는 의미일게다.
무심천…
가덕면에서 발원하여 남일면을 지나고
청주시 한복판을 거치며 까치내에 가서 미호천으로
합류되는 청주 시민의 생명의 젖줄이다.
그 이름부터 얼마나 아름답고 서정적인가.
무심無心은 일체의 번뇌나 사념이 없이
가장 순수하고 진솔한 마음이 무심의 상태다.
무심엔 추호의 꾸밈도 거짓도 없다.
타고난 심성 그대로의 순진무구의 마음이다.
그래서 고을 명칭도 맑은 고을 '청주清州'인가 보다.

무심천과 청주는 서로 상통하는 의미가 들어있다.
그래서 무심천 청류에 손을 담그고 사는 사람들,
청주 고을에 깃을 틀고 사는 사람들은
타고난 성품이 착하고 어질다.
타관인들도 청주에 대한 인상은 대체로
청풍명월의 이미지라고들 한다.

나는 토요일이면 종종 사직동 학교서부터
남일면 효촌까지 이십여 리를 걷곤 했다.
사직동 고개를 내려오면 서문다리부터는
줄곧 무심천 물줄기를 따라 걷는다.
그 시절의 무심천은 맑고 투명하기 그지없어
냇물을 보며 걷다 보면 마음도 평온하게 순화된다.
냇가엔 푸른 청보리밭 물결이 넘실거리고
종달새도 하늘 높이 봄날을 지저귀곤 했다.
하모니카를 불며 풀밭 길로 논둑길로 걷는 게 그냥 좋았다.
때론 냇물로 내려와 발을 담그고 피라미와 놀다 보면
그대로 무심의 경지에 빠져들곤 했다.
아직 세파를 모르는 소년 시절인 탓도 있겠지만,
무심천의 자연물과 어울리다 보면 작은 근심도 걱정도
시름까지도 모두 정화되고 무심 속으로 잠겨 버렸다.
무심천을 떠나온 지 50년이 되었는데

내년 봄엔 무심천 벚꽃 구경 좀 다녀와야겠다.

오랜만에 무심천 둑길도 실컷 걸어보고 싶다.

벚꽃이 지천으로 피는 청주清州 무심천

초등학교 동창회

오늘은 초등학교 동창들이 모이는 날이다.
졸업생이라야 고작 스물여덟 명.
남학생 18명에 여학생 10명.
산골 작은 학교이니 선배들도 후배들도 이 정도다.
그도 젊어서 몇은 이승을 떠난 사람이 되고
경향 각지로 흩어져 살다 보니 서울엔 7명뿐이다.
남자 셋에 여자 넷이니 단출하기 그지없다.
두 달 간격으로 만나기로 하고 월 회비도 만원으로 정해
작은 음식점을 하는 친구댁에서 늘 만난다.
장소를 바꾸어 보고 싶어도 그 친구가 식당을 비울 수 없기에
다른 곳으로 옮길 수도 없고 달리 여행 한번 못 나가는 형편이다.

동창이라고는 해도 나이가 천차만별이다.
다섯 살. 네 살 위인 동기생이 셋에다
나머지도 모두가 나보다 나이가 많다.
심지어는 우리 누님의 친구, 형님의 동갑내기 멤버이니
나로서는 대하기가 여간 불편한 게 아니다.

지금이야 믿어지지도 않고 있을 수도 없는 얘기지만
그 당시엔 아무 때나 입학이 되고 중도 포기도 허다했다.
한글 정도나 깨우치면 3학년에,
덧뺄셈을 할 줄 알면 5학년에
나이와 관계없이 적당히 들어오고 나갈 수 있었다.
심한 경우는 누나보다 남동생이 상급 학년 경우도 있었고
중간에 들어온 경우엔 선후배 모임 양쪽에 나가는 경우도 있다.
정말로 호랑이 담배 피울 적의 이야기처럼 들릴 게다.
여자 동기생들은 대부분 결혼을 일찍 해서 손주들이 꽤들 컸다.
그러니 만나면 화제가 온통 손주들 이야기들이다.
나이도 대화도 친근함보다 나에게는 거리감과 어려움을
많이 느끼는 탓에, 한 몇 년을 모임에 나가질 않았던 적이 있었다.
이같은 설명할 수 없는 사연들이 나를 불편하게 만들었기 때문이다.
나이가 가장 적은 탓에 아직도 아이 취급당하는 것이야
애교스럽지만, 한번은 여자 동창 넷이 모두 자기 집까지
태워다 달라기에 동서남북으로 서울 시내를 다 돌고 오니
새벽녘이 된 적이 있기도 하다.
그런 중에 고향의 형님으로부터 연락이 왔다.
나에 대한 평판이 이러쿵저러쿵 들려오니 함께
어울리라는 것이다.
옳으신 말씀이다.

열도 안되는 동기생인데 나이 차이가 무어 대수랴.

내가 병원에 있을 때 그들이 보여준 정성이 어떠했던가.

이제 모교도 폐교된 지 오래고, 그들 또한 대부분

고향에 연고를 남겨두지 못한 채 떠나왔기에

고향 이야기만 나오면 눈시울이 붉어진다.

그래, 올해 동창들을 데리고 추억의 올갱이잡이도 나가고

함께 고향을 찾아 그들이 살던 집터도 돌아보련다.

허물어지고 잡초만이 무성한 텅 빈 모교도 함께 찾아보고.

2006년

28명 동창생들의 초등학교 졸업 사진(1962년)

세월 이야기

전주 부근의 죽림 온천장엘 들른 적이 있다.
현관 옆 담벼락에 좌판을 차린 할머니.
평일이라 온천을 찾는 이들도 별로 없으니
물건을 들여다보는 이도 또한 없다.
특별히 손님을 기다리는 것 같지도 않다.
펼쳐놓은 물건이라고는 지아비가 뒷산에서 걷어왔다는
오가피, 느릅, 홋잎, 엄나무, 옻나무에다 마른 칡과 은행알,
이렇게 일곱 가지가 전부다.
하루 3~4만원의 벌이만 되면 더 무얼 바라겠느냐고 한다.
그저 휑하니 바람만이 쓸고 지나가는 바깥,
의자에 앉아서 손톱으로 은행알을 까며
혼자서 무료를 달래고 있다.
22살에 시집와 다섯 남매를 키워 모두 타처로 떠나보내고
노부부가 산자락 뙈기밭을 일구며 흙집을 지키고 있단다.
여든둘, 지아비께서 오늘 아침엔 때 없이 변을 바지에 지렸다 했다.
늙더라도 병 앓이나 하지 말고 두 내외 그럭저럭 살면
무어 더 바랄 게 있겠느냐 했다.

용띠 내 누님과 동갑이기에 더욱 자리를 뜰 수 없었다.
스무 살 꽃나이에 아버지가 사주를 받아오는 바람에
신랑 얼굴도 모르고 열 식구가 종토로 생계를 꾸려가는
산자락 맨 꼭대기 집 맏며느리로 들어간 누님.
새댁 시절부터 지게질도 하며 힘겹게 살아왔는데
회갑 무렵에 말기 암 선고로 열두 번이나
죽기보다 더 힘든 항암 주사를 맞아야 했다.
어질디 어진 천성을 하늘이 가엾이 여기심이던가
살아 계시는 것만으로도 한없이 고맙고 감사할 뿐이다.
내 누님을 떠올리게 하는 할머니…
배낭을 풀어제치고 지난한 세월을 듣노라니
노루꼬리만도 못한 겨울 해가 설핏하게 산그늘을 내린다.
영감님이 캐오셨다는 칡뿌리를 바구니째 털어 막무가내로
배낭에 넣어주시는 저 촌부村婦의 순박한 인정미.
값을 받지 않겠다고 손사래를 내저으시는 걸
실랑이를 하다시피 주머니에서 집히는 대로 밀어 넣고는
총총한 걸음을 떠나와야 했다.
할머니 오래오래 건강하게 살으시소!

고기잡이

때 없이 답답하고 무료해질 때면 몇 가지 어구를 챙겨 들고
혼자서 한적한 개울을 찾아간다.
거창하게 어구라고 했지만 어항 몇 개 정도의 도구가 고작이다.
전에야 투망, 촉고, 반도, 주낙 등을 고루 갖추고 다니다가
개울의 지형이나 물의 깊이에 따라 그때그때
필요한 도구를 사용할 수 있었지만 지금은 어족 보호 차원에서
투망이나 촉고 사용은 철저히 금지하고 있기에
사용해 본 지가 꽤나 오래된 것 같다.
요즘처럼 삼복의 폭염이 기승을 부리는 날이면
양평의 벽계구곡이나 곡달계곡, 가평의 녹수계곡을 찾아간다.
물고기잡이가 더위를 피하기엔 아주 제격이다.
어항 대여섯 개를 50여 미터 정도의 간격으로 놓아두고
왔다갔다하다 보면 물 밖으로 나올 만한 시간이
많지 않기에 더위를 느낄 틈이 거의 없다.
오히려 구름이라도 한참 가리거나 해가 설핏한
저녁나절이면 한기조차 느껴질 정도다.
어항을 놓으려면 인적이 뜸한 외진 곳을 골라 찾아가야 한다.

인기척이 소란스러우면 물고기들이 죄다 숨어버리고
활동을 하지 않아 종일 기다려봐야 아무 소득도 없고
빈 바구니로 돌아오기에 십상이다.
그러기에 가능한 한 나만의 홀로 지기를 즐기는 것이다.
물고기잡이엔 투망이든 촉고든 어항이든 자리를 잘 골라야 한다.
물고기들의 생태를 알고 그들이 다니는 길목을
가릴 수 있어야 하는 것이다.
물길을 골라 돌담을 쌓고 맨 위에 물때가 묻지 않은
하얀 돌을 표지석으로 올려 둔다.
그래야 어항 놓은 곳을 멀리서도 금방 식별할 수 있기 때문이다.
대여섯 곳을 옮겨 다니며 떡밥을 갈아주고 들어간 물고기를
건져내다 보면 시간이 금방 지나가고
여름날 긴 하루해도 짧게 여겨진다.
이렇게 한나절만 서성거려도 물고기가 큼직한 양파 자루에 그득하다.
금방 잡아 올린 것들로 냇가에 앉아 매운탕을 끓이거나
어죽을 쑤고 있노라면 자연 속의 삶을 스스로 만족하며
안분지족의 지극한 즐거움에 흠뻑 젖어 드는 것이다.

매운탕이나 어죽은 내가 직접 끓여 먹는 게 훨씬 입맛에 맞는다.
내 나름의 토속적인 맛을 내는 어죽 쑤기 방법이다.
우선 맹물에 묵고기를 넣고 1시간 이상 푹 고았다가

머리통까지 흐물거릴 때 나무주걱으로 완전히 으깨 버린다.
삶은 물고기를 얼금체로 받쳐 뼈를 걸러내야 하지만
두어 시간 정도 고아 버리면 거르지 않아도 물고기 가시가
완전히 물러서 먹을 때 깔깔하게 걸리거나 씹히는 게 없어진다.
다 으깬 뒤 고추장, 된장 고춧가루를 넣고
다시 끓인 후 소금으로 간을 적당하게 맞춘다.
여기에 양파, 대파, 깻잎, 풋고추, 마늘 등의 양념을 충분히 넣고
다시 끓이다가 불린 쌀이나 수제비 또는 국수를 넣는다.
이렇게 되면 영양 만점의 보신 진미 특별식 어죽이 된다.

풀무골의 어제와 오늘

나의 앨범 첫 장에는 두 장의 고향마을 사진이 있다.
앞산에 올라가 찍은 것으로 앞에 것은 1969년
여름 풍경의 흑백 사진이고 또 하나는 2010년도의
컬러 사진이니, 40여 년 후의 변화가 뚜렷이 나타난다.
먼저 사진은 50여 년 전이니 내가 스무 살 되던 해다.
고향에서 중학교를 졸업하고 이내 가족과 떨어져
객지 생활을 하다 보니, 어린 마음은 늘 가족들에 대한
그리움과 고향의 산천들이 애잔한 향수를 불러일으키곤 했다.
그래 고향 마을의 전경을 한눈에 담을 수 있는
사진을 찍어 평생을 간직해 왔다.
내 앨범 첫 장에 끼워두고 유년의 추억이 그리울 땐
어느 때고 사진을 들여다보며 애틋한 망향의
정을 달래고 잠재웠던 것이다.
50년- 강산이 몇 번이나 변할 수 있는 참으로 길고 오랜 세월.
궁벽한 산골 마을이기는 하지만 어찌 달라진 게 없으랴.
저수지가 생기기 전이니, 큰길이 마을 밖으로 훨씬
나와 있고, 개울가에는 지금은 보기 어려운

훤칠한 미루나무가 늘어선 모습을 볼 수 있다.
지금이야 10여 가구 남짓으로 마을이 절반 이상 줄었지만,
그 시절만 해도 30여 가구가 옹기종기 모여 살았다.
지금은 사라져 없어진 왼쪽 끝의 영선이네 집도,
마을로 들어가는 고샅길 우측 첫 집인
기택 아재네 집도 그대로 보인다.
담배를 말리던 건조실도 동네 곳곳에 여러 채가
남아 있을뿐더러, 사진을 확대하면 슬레이트 지붕과
초가집도 꽤나 많이 보인다.
산천은 의구한데 인걸은 간데없다는
옛 시인의 표현이 이를 두고 일렀음이리라.

내가 학교를 졸업하고 군에 입대한 것이 1973년.
그사이 울 동네 풀무골을 비롯해 갓골 골짜기에 큰 변화가 왔다.
등잔불만 켜고 살던 산골짜기 마을에 전깃불이 들어오고
한길(행길)이 넓어지고 버스도 하루에 서너 번씩 들어오게 된 것이다.
전기와 버스, 이거야말로 천지개벽의 일대 변혁이다.
더욱이 윗동네 항골과의 사이에 새로이 저수지가 생기고 한없이 넓은 들판으로 여겨졌던 버들개뜰이 물 속으로 잠기고 말았다.
그 바람에 우리 전답이 거의 수몰되어 버린 것이다.

위 사진에 비해 흑백이 컬러 사진으로 바뀌고
동네 곳곳에 미루나무를 대신해 전봇대가 들어섰다.
마을이 줄어들면서 집이 헐리고 그 자리는 텅 빈 밭이 되어
동네 자체가 왠지 헐렁해지고 허전하게 보인다.
마을 앞 큰길도 위치가 바뀌었다.
저수지 둑이 높아지면서 새 도로가 동네 가까이 옮겨지고
첫 집인 우리 집이 반쯤 가려져 행랑채는 잘 보이지 않는다.
어쩌랴, 이 모두가 상전벽해의 세월인데…

내 고향 풀무골 마을비

망우리 공원묘지

망우忘憂

모든 근심을 잊고 편히 잠들어 쉴 수 있는 곳.

지명이 묘지 마을의 운명을 예견이나 했단 말인가.

많을 때는 3만여 기基의 영혼들이 누워있었단다.

순환도로로 한 바퀴 거리가 5킬로 남짓,

관리사무소에 가서 묘지번호를 적어서 나왔지만

여기저기에 흩어져 있는 이름들을 찾아내기가 너무 힘들다.

'목마와 숙녀'의 시인 박인환.

시인이며 독립운동가인 만해 한용운,

천재화가 대향 이중섭, 아동운동가 소파 방정환,

국어학자이며 현대의학의 선구자 지석영,

독립운동가인 호암 문일평과 위창 오세창.

이승만의 정치적 맞수였던 죽산 조봉암 등,

순환도로를 따라 4시간을 오르내리며 여덟 분을 찾아뵈었다.

예전엔 공동묘지라 했는데 요즘엔 공원묘지라 부른다.

이십 년도 훨씬 전에 갔을 땐 스산한 분위기의 공동묘지였으나

지금은 그런대로 단장한 흔적이 보이고

주말인 탓인지 산책 나온 이들이 많은 걸 보니
묘지가 주민들의 공원이 된 셈이다.
숲이 울창해 땡볕에도 그늘로만 한 바퀴를 온전히 돌 수 있어
여름철 걷기 코스로 택해서 온 지도 꽤 되었다.

만해 한용운 선생 경우는 '님의 침묵'의 유명한 시인이며
3·1운동 때 독립선언에 참여한 33인 중 한 분이다.
그중 여러 명의 독립지사들이 후에 친일로 전향했지만
일제의 회유를 거부하고 가장 늦게까지 감옥에 있었다.
3년을 있으면서 스스로 투쟁 3원칙을 세워 철저히 실행했다.
내 나라를 찾는 떳떳한 일을 했으니 변호사를 대지 말 것이며,
자신만이 호의호식할 수 없다 하여 사식을 금했고,
부끄러운 일을 하지 않았으니 보석을 요구하지 말라는 것이었다.
광복 한 해 전인 1944년에 작고, 국립현충원에 독립지사 묘역이
있는데도 그곳으로 모시지 못하고 70년이 넘는 세월을
망우리에 초라하게 남아있는 것이 못내 부끄럽고 죄송스럽다.
돈 좀 있고 권세 나부랭이나 있으면 별것도 아닌
저들 부모 묘 덩어리는 호화분묘 만들어 놓고
역사의 인물들은 그래 공동묘지에 방치한다더냐.

35년을 근무했던 五山高 전경(서울 용산구)

4

교단 일기

소월素月과 오산五山과 나

누구에게나 학창 시절 존경하던 인물도 있고,
큰 감명을 받거나 심취했던 작품들이 있게 마련이다.
소월의 시편들은 어린 시절 문학을 꿈꾸던 나에게
정서적으로 많은 영향을 주었던 게 사실이다.
다정하고 한 서린 구절구절이 가슴에 깊은 앙금으로
자리하여, 오늘날까지 서정적인 감성을 간직하고
살아오는데 알게 모르게 보탬으로 작용했다.
정서적으로 예민하고 사소한 것에도 쉽게 감상에
빠지던 고등학생 시절, 소월 시집을 끼고 살았던 탓인가,
그 많은 작품들이 아직껏 가슴과 머릿속에 그대로 남아
입을 열면 주저리주저리 그 시구들이 떠오른다.
토속성이 넘치는 고향의 정취와 곱디고운 우리말 시어가 좋았고,
민요조의 전통적 율조가 암송하기에도 아주 제격이었다.
특히나 그의 모든 시편에 한결같이 흐르고 있는 한국적
정서의 원형인 사랑의 은근미는 내 삶의 뿌리처럼 여겨졌고,
나 자신 역시 그와 같은 삶을 무한히 동경하고 추구했던 것 같다.
어린 마음에도 무엔지도 모를 애틋한 그리움이나 아픔에 젖어,

그의 시를 흉내내며 그런 류의 습작도 꽤나 했던 기억이 있다.
또한 소월과 관련된 것들이면 무엇이든 소중한 의미로 여겨지고,
내 자신과도 결코 무관한 것은 아닐 것으로 생각되었다.
그래, 소월을 통해서 오산학교를 알았고, 춘원春園이나
안서岸曙를 배우면서 오산에 대한 막연한 인연마저
나름대로 연결시켜 보곤 했다.
말이 씨가 되고, 생각을 외면 그것이 현실로 이루어진다고
하지 않던가. 신문의 모집 광고 한쪽이 나의 운명을 한평생
오산에 매어두게 된 것도, 어쩌면 인연설에 의해 진작부터
예견된 것이 아니었나 싶다.

개교 100주년을 눈앞에 두고 있는 시점에서
유구한 역사와 전통이야 굳이 이르지 않아도
화려한 명맥을 충분히 짐작할 수 있지만,
민족 사학으로서의 오산혼五山魂이 시대의 조류에
떠밀려 가는 듯한 느낌이 어찌 나 하나만의
아쉬움이고 기우杞憂이겠는가.
특히나 오산 문학의 전통은 한국 현대문학의
태동과 역사를 함께 하며,
민족 문학의 본류를 이루고 있다 해도 지나친 말은 아니다.
현대문학의 개척자인 춘원 이광수李光洙로부터 시작되어,
벽초 홍명희洪命熹라는 거장을 거쳐,

민요시인 안서 김억金億과 소월 김정식金廷湜을 낳았고,
전통시인의 대명사 백석白石(백기행)으로 면면이 이어져 왔다.
그러나, 지난날을 운위하는 것으로 위안을 삼자는 것이 아니다.
우리는 흔히 명문 조상을 자랑하며
과거의 향수에 젖기만을 좋아했지,
현재의 자신의 모습을 돌아보는데 너무 소홀히 하지 않았는가?
모교에서조차 잊혀져 버린 소월의 시혼을 되살리려 나름대로
무던히도 애를 썼다.
그 결과 1987년도에 교정에 시비詩碑도 세우고,
그와 동시에 '소월 문학제'도 열어 명망 있는 문인들을 초대해서
문학강연 행사까지도 치르는 등, 수년간 외형적으로는
소월 되찾기 활동이 전개되는 듯했다.
행사가 계속되면서 본질이 퇴색하고 의미마저 상실되어감에,
나 스스로 행사의 폐지를 주창할 수밖에 없었던 것은
역설적인 아픔으로 남는다.

한편으로 늘 마음에 자책으로 남아있는 것은
소월의 아들 김정호 씨에 관한 일이다.
이곳 남쪽 땅에서는 유일한 혈족인데, 고단한 그의 삶이 모든
이들의 기억에서 깨끗이 지워져 있다는 사실이 못내 부끄럽다.
그는 고향 평안북도 정주에서 중학교에 다니던 19세의 나이에
한국 전쟁이 발발하면서, 의용군에 끌려 나와 포로가 되었다가

북으로 돌아가기를 거부하고 자유를 갈망하여 이 땅에 남았다.
천성이 온유하고 정직하여 현실 적응력도 두드러지질 못했다.
시인으로 국회의장을 지내던 이효상의 주선으로
국회의 경비원을 거치고,
철도청 홍익회 창고지기로 정년을 마무리했다.
몇몇 문인들이 간간이 작은 도움을 주었지만,
근본적인 그의 생계는 큰 나무의 그늘이 어둡듯이
언제나 간고와 피곤이 피해가질 않았다.
미당 서정주가 젊은 시절 소월과의 짧은 인연을 아낀 나머지,
오랜 기간을 개인적으로 후원도 해주고, 남매의 주례까지
맡아주는 등, 적지 않게 정신적 지주 역할을 대신해 주어
그는 미당을 평생 마음의 부모로 모신다고 말했다.
소월의 아들 김정호 씨와 나와의 관계는 소월의 일에
관여하면서 시작되어 그런대로 오랫동안 지속되었다.
가끔 전화도 하고, 연말이면 연하장도 건네면서 연락을
유지하며 지냈다.
한번은 그의 아들까지 데리고 나와 인사를 받은 적이 있는데,
사진으로만 뵙던 소월의 모습이 손자에게 그대로 대물림된 것을
한 눈에도 느낄 수 있어,
소월을 뵙는 듯한 착각을 일으키기도 했다.
어느 대학 도서관에 근무하는 서지학자가 소월의 육필 원고
여러 점을 소유하고 있어, 하나라도 얻어내 볼까하여 그와 함께

몇 달 동안 온갖 애를 쓴 적도 있다.
그는 정부에서 소월에게 내린 문화훈장을 보여주며, 자신에겐 더할 수 없는 가보家寶이지만, 죽기 전에 학교 역사관에 기증하겠다고 내게 말하기까지 했다.
그의 오산 학교에 대한 애정은 절절했다.
남쪽에서 부모의 향훈이나마 느낄 수 있는 곳은 선친의 모교인 오산 학교가 유일하다며, 여러 차례 방문하기도 했다.
지병으로 평생 동안 병원 문을 드나들던 그의 아내를 돕고자 방송 훈화 시간에 모금을 호소하여 기백만 원을 해드린 일도 있다.
그러나, 결국 아내는 봉천동 산 1번지 집마저 날려 버린 후 고인이 되었고, 그는 넉넉지 못한 형편으로 아들과 딸네집을 전전하며 70 고령을 병마에 시달리고 있다.
문예지 '문학사상'사에서 '소월 문학상'을 제정하면서, 1934년 소월의 죽음을 보도했던 당시의 기사와 사진을 바탕으로 소월의 초상을 그려 지금까지 소월 사진의 전형으로 쓰이고 있어, 전지 크기로 확대된 사진을 기증받아 보관하고 있다.
그것을 충청도 아산에서 조그만 음식점을 하고 있는 딸네집에 두었는데, 집이 협소하여 내게 넘기는 것이 자신으로서는 마음이 편안하겠다며 집도 알아둘 겸, 함께 내려가자고 제의해 날짜까지 약속했다.
나도 그의 일이라면 만사를 제치고 나서는 입장이었지만, 불가피한 일로 약속을 지키지 못했더니,

그 이후로 3년이 지난 지금까지 연락을 끊어 버리고,
이후로는 일체의 소식을 전해 들을 길이 없다.
학교나 나에게서 서운함이 많았을 것을
충분히 짐작은 할 수 있지만, 서로가 살아있는 날까지
마음이나마 따뜻한 인간미를 유지했으면 한다.
적지 않은 연세에 이것저것 자잘한 합병증으로 힘들어하셨는데,
어디서 어찌 지내시는지,
그를 생각하면 쓰린 마음이 더욱 아려온다.
독립지사들의 자손들이 대체로 어렵게 살고 있고,
익숙한 이름의 명사名士들의 후예들도
고달프게 지내는 이들이 많다.
금년이 소월 탄생 100주년인데,
온고지정溫故之情이 과연 무엇이던가!

2002년

산유화山有花의 겨레 시인 김소월

한국 현대문학사를 대표하는 불멸의 민족시인 김소월金素月.

본명은 정식廷提, 소월素月은 그의 아호다.

1902년 평북 정주군 곽산의 남산동에서 출생하여

서관의 명문 오산五山에 입학한 것은

그의 나이 15세로 1917년의 일이다.

1922년 본교 12회로 졸업하기까지 소월의 오산 시절은

춘원 이광수와 안서 김억에 이어 오산 문맥의 계승은 물론,

한국 문단의 샛별로 등장하는 큰 전환기였다.

친척이며 스승인 안서로부터 시작詩作을 사사받아

3학년 초에 〈낭인의 봄〉 등 5편을 「창조」에 발표하면서

소년 시인으로 화려하게 등단했다.

졸업과 동시 한 해 동안

집중적으로 발표한 작품이 40여 편에 이른다.

〈진달래꽃〉 〈금잔디〉 〈엄마야 누나야〉 〈산유화〉 등,

소월의 명시 대부분이 오산 시절에 구상되고 집필되었던 것이다.

오산에서 수학하는 동안 고당 조만식으로부터는 인격적 감화를,

춘원으로부터는 문학적 영향을, 남강 이승훈에게서는

조국애와 민족애를 배워 후일 자신의 생애 진로와
작품 경향에 그대로 투영되었다.
다정다감한 감성에다 현실과 타협하지 못하는 천재적
이상주의가 스스로를 유폐시키고 결국 요절의 비운까지
택하게 되었으나, 그의 뛰어난 문학성은 '죽은 자는 날이
갈수록 세인의 기억에서 멀어진다去者日以疏'는 말과는 달리,
그의 이름 석 자와 작품은 세월이 갈수록 진가를 더하며
뭇사람들의 입에 오르내리고 있다.

소월의 문학사적 위치는 그가 일관하여 한국의 전통적
정서를 고수한 초유의 전통시인으로 평가된다는 점이다.
혼탁한 서구 문예사조가 소화불량증으로 유입되던
1920년대에 철두철미 고향을 지키고, 내 목소리를 통해
정서의 한국적 원형을 고독하게 견지해나갔다.
애이불비哀而不悲의 고전적 여인상은 천 년을
한결같이 이어지는 우리들 어머니의 모습이요,
또한 겨레의 속성인 은근의 미학인 것이다.
외래문화의 홍수 속에 홀로 겨레의 정신적 고향을 지키고,
우리의 전통 정서에 넋을 박은 시인이다.
그는 전통에의 첫 귀향자로서 누구든 한번은 그 자리에
돌아와야 할 장소에서 출발한 유일의 시인이다.
순수 고유어를 통한 시어의 조탁과 분방한 구사는

민요가락의 전승과 변형으로 민족 정서 표출에 전형적 장을 개척하였다.

소월 문학의 전성기는 오산 시절인 18세부터 5, 6년간으로 볼 수 있다. 천부적인 시의 주머니를 풀어 놓으면서 연속으로 대작이 발표되고, 문우文友인 나도향, 이장희. 박종화와 교유하며 중앙 문단을 서성이다, 1924년에 시 전문지 「영대」의 동인으로 문필 생활을 엮어 나갔다.

「영대」의 동인으로는 김동인, 주요한을 비롯한 관서 동향인들과 춘원, 안서. 김여제(오산 2회 졸업) 등의 오산 문맥이 주류를 이루었다.

그의 나이 23세인 1925년은 소월의 생애에 마지막 광채를 발하던 시기로 생전 유일의 사화집詞華集인 〈진달래꽃〉을 세상에 내보임으로써, 전통에의 완전한 귀향자로서 위치를 굳혔다.

스승 안서와 더불어 청진동을 주유하다 실의를 안고 '정주 곽산 차 가고 배 가는' 고향으로 돌아왔다가 처가인 구성으로 칩거하니, 이후 작고하기까지의 7, 8년은 침묵으로 묻혀 버린 비탄의 세월이었다.

산에는 꽃 피네

꽃이 피네

갈 봄 여름 없이
꽃이 피네

산에
산에
피는 꽃은
저만치 혼자서 피어있네

산에서 우는 작은 새요
꽃이 좋아
산에서
사노라네

산에는 꽃 지네
꽃이 지네
갈 봄 여름 없이
꽃이 지네

세속의 현실적 고뇌와 유리된 세계를 방황하며 시름하던 천재 시인 소월은 「생은 寄요 사는 歸라」는 자신의 말대로, 1934년 12월 24일 불귀의 객이 되어 구성 평지동에서 한 떨기 산유화로 산화하였다.

1987년 오산80주년특집호

오산학교 교정의 김소월 시비

1987년에 세움

천재 화가 이중섭

망우리 공원묘지를 가끔 찾는 일이 있다.
뜻밖에도 많은 유명인이 그곳에 잠들어 있어
그 이름의 주인공들을 하나씩 찾아보다 보니
찾는 발길이 잦은 편이다.
완만한 언덕길로 여름이면 수목이 울창해 그늘진
둘레길이 걷기에 안성맞춤이다.
입구를 들어서서 우측 둘레길을 10분여 걷다 보면
화가 이중섭 묘소 안내판이 보인다.
비탈길을 따라 오솔길을 이리저리 헤매다 보면
힘들게 이중섭의 묘를 찾을 수 있다.
중간에 안내 표지가 없을뿐더러 주위의 여느 묘처럼
초라하기 이를 데 없어 쉽게 눈에 띄지 않는다.
거창한 그 이름과는 달리 한눈에도 볼품없이
방치된 듯한 형색이다.

한국이 낳은 천재 화가 이중섭李仲燮. 호는 대향大鄕.
그는 김환기, 박수근 화백과 더불어

국제 미술계에 명성이 잘 알려진 한국 미술의 3대 거장이다.
1916년 평안북도 정주 출생으로 향리의 오산학교를 졸업했다.
이어서 일본 분카학원文化學院에 유학하며 재학 중
각종 미술전에 입상하여 화가로서의 이름을 알리기 시작했다.
1945년 29세에 일본 여성 야마모토山本方子여사와 결혼,
원산사범학교 미술 교사로 봉직하기도 했다.
그러나 북쪽 체제에서 사상적 비판을 받게 되어 6·25 전쟁 때
남하해 부산을 거쳐 제주 서귀포에 자리 잡았다.
남쪽 땅에서의 생활은 언제나 가난에 시달렸다.
그림 그릴 종이가 없어 담배갑 은박지에 그린 것들이
오늘날 그 유명한 은지화 작품들이다.
서귀포에 이중섭 거리가 생기고 기념관이 건립된 것도
피난살이의 인연 덕분이다.
그러나 전쟁 중의 가난을 이기지 못해 유일한 혈육인
아내와 두 아들은 일본으로 건너가고 이중섭은
홀로 부산과 통영 등지를 전전하였다.
평생 가난 탓에 영양실조와 가족과의 별거로 정신까지
피폐했던 그는 1956년 40세의 젊은 나이에
서울 적십자병원에서 작고하였다.
〈황소〉와 〈흰소〉 〈아이들과 물고기와 게〉 등
이중섭의 작품에는 소牛와 어린이 등이
소재로 많이 등장하는데, 강한 향토성과 동화적

세계를 열망하던 그의 삶이 투영된 것으로 보인다.
가난과 질병에 쪼들리던 짧고 불우한 삶이었으나
이중섭이 가고 난 후에 그의 작품에 대한 평가가
국내외적으로 크게 인정받았다.
그러나 국내에 연고자가 없는 관계로 사후에도
그의 묘소는 알뜰히 돌보아 주는 이 없이
망우산 자락 한구석에 방치되어 있는 형편이다.

내가 재직했던 그의 모교 오산학교엔 우리나라
최초의 화비畵碑인 '이중섭 그림비'가 세워지고
자랑스러운 선배로 많은 추앙을 받고 있다.
그래 공동묘지에 있는 묘소를 화비 옆으로
모셔오자는 의견을 건의한 바 있으나
묘소에 대한 부정적 인식으로인 별 반응이 없었다.
친일로 논란을 빚는 인촌 김성수의 묘도 대학교
교정에 있고, 황순원 선생의 유해도 양평의 소나기마을
기념관 옆으로 이장해 모셨다.
외국에선 유명인의 묘가 대단한 명소로 관리되고 있지 않은가.
한국 화단의 으뜸을 자랑하는 천재 화가 이중섭…
화려한 그 명성과는 달리 무성히 자란 풀더미에 묻힌
초라한 봉분이 뙤약볕 속에 하냥 을씨년스럽다.

망우리 공원묘지에 위치한 대향 이중섭 묘소

위인전에 대한 소견

어려서 위인전을 읽을 때마다 여러 가지 회의를 나름대로 느낀 적이 많다.
그 주인공들은 이미 성공하여 이름을 빛내고 역사에 족적을 남긴 분들임엔 틀림없지만, 지나친 과장과 미화로써 인위적 위인을 만든 것이 아니냐는 생각도 지울 수만은 없다.
출생부터 모든 생애가 평범한 나로서는 흉내내고 닮아가기에는 애초부터 가망이 없다는 회의에 빠진 적이 한두 번이 아니다.
두뇌가 총명하여 하나를 들으면 열을 아는聞一知十 천재가 성공하는 것은 당연한 일이고,
그토록 배경 좋은 가문에서 부족함 없이 자란 사람들이 훌륭한 인물이 되었다는 데에 도무지 감흥을 느낄 수가 없었다.
모든 조건이 갖추어진 상황에서 이룩한 공적이라는 것이 무슨 감명을 줄 수 있겠는가.
위인들의 이야기는 나에게 존경심이나 분발심을 일깨워 주기보다는, 오히려 좌절과 절망을 안겨주지 않았나 싶다.
올라가지 못할 나무는 아예 쳐다보지도 말라고 했는데,
천재도 아니고 농사꾼의 아들로 화려한 가문에서 태어난 것도

아닌데, 내가 감히 위인들을 어찌 흉내낼 수 있다는 말인가.
송충이는 솔잎이나 먹어야지 분수를 모르고 허망한 꿈에
매달리는 것은 모자라는 자들의 어리석음일뿐더러 그 자신
현실을 모르는 바보 이외는 아무것도 아닌 것으로 여겨졌다.
왜 우리의 위인전은 평범한 사람이 어려운 환경을 무릅쓰고
노력하여 성공하는 모습을 보여주지 못하는가.
어린 꿈나무에 강인한 의지와 결심을 갖도록 이끌어주지 않고,
잘난 사람들의 잘난 이야기만 들려주어야 하는가.

사임당을 현모양처의 귀감으로 꼽아야 할 이유가 무엇인가?
그녀는 사대가에서 태어나 명문으로 출가해 그림이나 그리면서
여느 어머니에 비해 호사롭고 한가한 삶을 살았음이 틀림없다.
우리들 어머니 같은 고생은 아무리 찾아보아도 하질 않았다.
어머니로서 그 정도의 희생을 치르지 않은 여성도 없다.
모든 어머니가 그 이상으로 고생하며
자식을 위해 희생적인 삶을 살고 있다.
사임당은 아들 율곡의 덕을 본 것이고, 우리들 어머니는
우리가 뛰어나지 못한 탓에 빛을 보지 못한 것뿐이다.
결과만을 가지고 가치 기준을 삼는 우리의 사고가 인물의
평가에도 그대로 적용되고 있는 것이다.
사임당에 못지않은 장한 어머니는 우리 주위에 허다하다.
보통 사람들의 평범한 모습에서 본보기를 찾고

귀감으로 삼도록 우리의 위인전도 달라져야 한다는 소회를 이야기하고 싶은 것이다.

스승의 날 유감

해마다 5월이 되고 또 15일이 되면 '스승의 날'이라 한다.
계절이 바뀌듯 세월이 가면 으레 다가오는 날인데,
무어 그리 새삼스러울 것도 없고 떠들썩할 일도 아니다.
한 해 동안 크고 작은 기념일이 한둘이 아니고,
일일이 그것들을 기억조차 못 하는 게 솔직한 현실인데,
스승의 날이라고 별난 의미를 부여할 까닭도 없는 일이 아닌가.
그럭저럭 내게도 서른한 번째로 맞이하기는 한다마는,
특별히 자축할 만한 일도 없었고, 그렇다고 기억에
새겨둘 만큼 소중한 의미로 간직하고 있는 일도 없다.
그저 평범한 일상의 하루일 뿐이요, 더욱이 누구로부터
축하를 받거나, 아니면 하루를 휴일처럼 쉬어 본 적도 없다.
하긴 내가 근무하는 오산학교의 개교기념일이 5월 15일이고 보니,
이날의 의미는 이도 저도 뚜렷하지 못했던 게 사실이다.
사립학교니 만큼, 개교기념 행사와 더불어
교내 축제는 매년 거창하게 이루어지지만,
스승의 날 행사는 중간에 꽃 달아주고 '스승의 은혜'
노래 한번 부르는 프로그램 외에 별다른 것은 없었다.

스승의 날이 무엇이던가. 차라리 다른 업종처럼 아무 생각 없이 하루 동안 쉬기나 했으면 그래도 나을 것 같다.
밥그릇만 차면 받는 연공상을 무슨 큰 축복이나 내려주듯 던져주는 것으로 관례화되어 버린 지 오래다.
행사가 관례화되고 의미가 퇴색해 버리면 없는 것만 같지 못하다.
더구나 외부에서 교육이 황폐해지고
교실이 붕괴되었다면서 힐책이 끊이지 않고,
내부에서는 교권이 추락했느니,
실추된 교직자의 위상과 권위를 회복해야 한다느니,
여기저기서 백가쟁명의 구호가 요란하다.
외적 요건이야 권외의 일이니 교직자들로서야 불가항력일 수밖에 없겠지만, 안에서 일어나는 일련의 자기 살리기 외침은 처량한 모습이 아닐 수 없다.
교권은 제삼자가 가져다주는 것이 아니고, 교직자 스스로가 쌓아가야 하는 것이어늘, 어느 누구에게 자신의 권위를 인정하고 존중해 달라고 요구할 것인가?

스승의 날의 참의미는 자기반성과 혁신에 달려있는 것이지, 이날이 되었으니 나를 존중해 달라고 소리친다 해서 귀담아 들어줄 사람도 없다.
오늘의 현상이 타인에 의해서 조정되고 실추된 것은 아니다.
의례적 행사보다는 자기 성찰에 의미를 두어야 한다.

구태를 벗어나지 못한 채, 수십 년래의 관행을 고집하면서
교육의 발전을 거론할 수 없고, 생업을 위한 단순한
직업인임을 자처하며 권위의 존중을 요구할 수는 없다.
존경은 타인으로부터 자연스럽게 전달되는 것이지,
자신이 목소리 높여 주장하고 요구한다고 해서
생성되는 것이 아니지 않은가.
그런데도 우리는 핏대가 서도록 자기 요구에 골몰하고 있다.
세속적인 명리와 물질에 욕심내어 철저한
집단이기주의자로 전락해 가고,
교총이냐 전교조냐, 파렴치한 편당과 상대방 험담에
이전투구의 모습을 보이고 있는 게 교육계의 현실이다.
더러 자리를 박차버릴 줄도 알고, 남을 위해 양보할 줄 아는
아량이 없다면, 그는 이미 남을 가르치는 교육자는 못 된다.
철두철미 감투의 노예로 전락해 버린 미천한 속물이지
'스승'은 절대 아니다.
진정한 교육자는 지위에 연연하거나, 인기에 영합하지도 않는다.
그저 사명대로 주어진 가르침에만 묵묵히 전념할 뿐이다.
퇴계 선생은 명종의 왕사였으면서도, 명종의 부름에도 불구하고
무려 70여 회에 걸쳐 벼슬을 사양하고
도산서원에서 후학을 기르는 것으로 낙을 삼았다.
부귀와 영화가 보장되었음에도 뿌리치고 사양할 줄 아는
지성이야말로 진정한 참교육자의 표상이고 귀감이라 하겠다.

2010년 스승의 날에

스승의 날 편상片想

스승의 날이기에 앞서 내가 봉직하고 있는 곳은
오늘이 개교 99주년 기념일이 되는 날이다.
내년이면 100주년으로 꼭 한 세기가 되니 말 그대로 유구한
역사와 빛나는 전통이 자랑스럽고 숭고하게 생각된다.
해마다 그렇듯이 사립학교의 생일날은
국경일에 못지않은 행사로 소요스럽다.
30년째 근무하지만 이 날이면 개교기념일 행사가' 우선이다.
개화기 초에 개교하여 일제를 거치면서 수난받던 이야기며
6·25로 피난 내려온 동문과 고향 사람들이 남쪽 땅에 학교를
재건한 회고담 등, 긴 역사만큼이나 사연도 많고 훈화도 길다.
스승의 노래'는 언제나 '창립기념가'에 묻혀버리고 빛이 바랬다.
근래 들어 스승의 날에 대한 이런저런 개운치 못한 뒷이야기가
거론되면서 교사들의 체면도 사기도 많이 저하된 듯하다.
부끄러운 구설수에 휘둘리기보다는 차라리 하루를 쉬는 게
낫다 하여 대다수의 학교가 하루 휴교를 하고 있는데
그 역시 떳떳한 일로 생각되지는 않는다.
스승의 날은 근로자의 날과는 다른 나름의 의미가 있지 않을까.

공짜 휴일 하루 늘어난 것쯤으로 여긴다면 자신의 위상을 초라하게 추락시키는 결과가 될 수도 있다.
아이들의 선물에 대해서 과민반응을 보이는 것은 좀 그렇다.
순수하고 떳떳하게 주고받으면 참으로 값지고 아름다운 일이다.
오늘은 여섯 아이로부터 양말세트와 화장품, 홍차세트, 작은 꽃바구니와 장미 두 송이, 카네이션 한 송이도 받았다.
아이들의 정성이 깃든 소박하고 정겨운 선물들이다.

기념일의 의미와 가치는 제삼자가 평가하는 것이 아니다.
자신의 생일은 스스로 의미를 부여하고 자신을 축하하는 게 좋다.
과거 우리의 회갑연은 주인공 자신이 잔치상을 차리고 이웃을 불러다 이것저것 베푸는 것으로 자축했다.
그래 오늘이 되면 내 반 아이들 모두를 데리고 중국집에 가서 자장면 한 그릇씩 사 먹인다.
물론 시험 때나 체육대회 등, 다른 행사 때도 그럴 수 있지만, 오늘은 '내 날, 우리 날'이니 내 자신의 축하 의미다.
받기도 하고 베풀기도 하는 게 사제지간의 정이 아니겠는가.
다른 선생님도 이렇게 하는 것을 나는 알고 있다.
곱배기 한 그릇을 서너 번의 젓가락질로 해치우는 모습은 훗날 나도 아이들도 아름다운 추억으로 떠올릴 수 있을 게다.
고1 시절, 생물 선생님을 따라 모기 채집 나갔다가 선생님께서 자장면을 사주신 일을 지금껏 행복한 추억으로 반추하곤 한다.

오후엔 삼성병원엘 다녀왔다.
종종 목이 붓다가 목소리마저 깨지고
가라앉기를 몇 해 전부터 반복했다.
큰 병원에 갈 시간은 없어 동네 병원에 다녀 보았지만
결국은 병을 키워서 큰 곳을 찾는 일이 반복된다.
입으로 벌어먹는 사람들에게 나타나는, 성대가 굳어지고
그러다가 말까지 잃게 된다는 그런 류의 직업병이다.
3개월 치 약 처방을 받아왔다.
'스승의 날'에 목이 고장 나서 병원엘 간다?
좀 쉬어야 한다는데…

2006년 스승의 날에

교총과 전교조의 상생

_한국교총에 대한 제언

충남 예산의 한 초등학교 교장의 자살 사건 후유증이
교육계를 온통 뒤흔들고 있다.
교총과 전교조 두 교직 단체가 이 사건을 기화로
이전투구를 벌이는 모습이 초라하다 못해
서글프고 가증스러운 느낌마저 들 정도다.
사건의 전모에 대해서도 서로의 주장이 다른데,
한쪽에서는 책임 소재와 강력한 응징을 요구하며
일대 격전을 대대적으로 준비하고 있다.
마치 기선 제압의 호기를 맞은 듯,
바야흐로 사생결단의 혈투를 예고하고 있다.
어쩌다 교육계마저 이같은 세속적 파당과 기득권 수호만을
고집하는 집단으로 전락해 버렸는가.
진리와 정의를 가르친다면서 왜 우리의 행동은
극단적 대립과 갈등으로의 외길로만 치닫고 있는가.
서로의 주장에 일리는 있겠으나, 자기 목소리만 외쳐대고 상대방을
비난하기에 급급한 것은 교육자의 바람직한 모습이 아니다.
쌍방 모두에게 시시비비는 있는 법이다.

나만 옳고, 상대방은 그르다는 이분법적 흑백논리에 지나지 않는다.
생각이 다르면 무조건 적수로 몰아붙이고,
그들을 궤멸시키려 드는 행태는 극단적 이기주의일 수밖에 없다.
다중을 동원해서 규탄과 궐기를 벌이려는 모습은
우리 사회의 고질적 병폐인 집단주의에 불과하다.

고장난명孤掌難鳴이라 하듯이 일방적 실수와 책임이란 없다.
진실을 투명하게 밝히는 일도 중요하지만,
그에 못지않게 자신을 돌아보며
반성할 줄 아는 자세가 우선적으로 필요하다.
교육자마저 양보와 타협을 모른다면 우리 교육의 앞날은 어둡다.
제 욕심만 차리는 이들에게 국민들이 마음 놓고
자녀의 교육을 맡길 수는 없다.
특히나 일선 학교의 수장들마저 세몰이로 나서는 모습을 지켜
보며, 동직의 한 사람으로서 안타까움에 개탄을 금할 수 없다.
학교장은 학교의 어른으로 포용과 겸양을 보일 때 존경을 받는다.
자신의 권위를 앞세워 일반인처럼 행동하면
덕망 있는 지성인은 못 된다.
어른답게 진중히 처신하고 불만스럽더라도
한발 물러설 줄 아는 미덕이 요구된다.
작금의 상황은 교장들이 권익 챙기기에 몰두해
있는 듯한 인상을 지울 수 없다.

심지어는 퇴직 교장단의 친목 단체인 삼락회까지
정부 지원을 요구하고 있으니
이쯤 되면 이성적인 행위로 보기 어렵다.
그동안 한국교총의 활동을 지켜보면 교장 중심 체재로
이루어져 왔음을 부인할 수 없다.
교장도 회원의 일원이고, 일반교사도 똑같은 구성원이다.
교장만을 위한 단체가 아니다.
교총의 이름을 앞세워 자신들의 주장과 권익만을
추구한다면, 교총은 교장단의 어용 나팔수로
전락해 버리고 말 것이 자명한 일이다.

필자도 일선 학교의 교총 회원으로 간사직을 담당하고 있으나,
상대방 전교조를 부정하고 대립 관계로 보지 않는다.
피차 의사의 차이가 있을 수 있으나
대화를 통해 협조하고 공존해 나간다.
두 단체가 추구하는 목표는 평행이 아니라,
결국 우리 교육을 한 차원 높이자는
순수한 열정에 공통으로 귀착된다.
서로 신뢰하고 힘을 합치면 배가의 효과를 기할 수 있다.
서로가 편협한 선입견을 불식하고
공생하는 것이 우리 교육을 살리는 길이다.

교육신문. 2003년

특목고와 자사고의 문제점

한동안 특목고의 일반계 전환에 대한 논란이 어수선하더니
요즘에는 자사고의 존폐에 대한 여론이 들끓고 있다.
1970년대 중등학교 평준화 실시 이후 교육정책이
안정되어 왔는데 수월성 교육이라는 명분으로
과학고와 외국어고가 우후죽순으로 난립하였다.
영재를 육성하기 위한 특목고는 극소수 몇 학교로
충분한데 그 숫자가 전국에 헤아릴 수도 없이 많다.
특목고로 긍정적 평가를 받는 곳은 민족사관고등학교가
유일하고 여타의 특목고는 본래의 설립 목적에서 벗어나
대체로 편법 운영되고 있다는 것이 필자의 견해다.
과거 평준화 이전엔 전국 고등학교의 수업료가 비슷해
가정 형편에 구애받지 않고 자신의 실력만으로 명문고
진학이 가능했다.
노력 여하에 따라 얼마든지 개천에서 용이 날 수 있었고
자력으로 신분 상승의 기회를 잡을 수 있었다.
그러나 요즘의 특목고에 대해 언론, 정치인, 일반시민들
모두 문제점의 본질을 놓치고 엉뚱한 얘기만 오가고 있다.

핵심은 특목고의 교육 비용이다.
수업료만도 일반고의 3배이고, 교복이나 기타 부수적 비용을 합치면 대충 연간 1,000만 원을 훨씬 능가한다.
아무리 성적이 좋아도 가정 형편이 어려운 학생은 특목고 진학을 언감생심 넘볼 수 없다는 점이다.
이것이 비평준화 시대만도 못한 퇴행적 교육 현실이다.

여기서 특목고를 하나씩 살펴보자.
첫째, 과학고는 출발 당시 한두 학교였고 학생 수도 극소수 인원으로 시작하여 카이스트와 연계하여 과학 영재 양성의 목적에 부합할 수 있었다.
그러나 광역자치단체별로 과학고가 하나씩 늘어나더니 지금은 10여 개 학교가 넘는 숫자로 늘어났다.
우리나라에 웬 과학 영재가 이리도 많은가?
이 많은 학생들을 진정한 영재로 볼 수는 없다.
단지 성적이 일반 학생들에 비해 우수하다는 정도다.
진정한 과학 영재는 전국에 1개 학교, 학생 수는 100명 정도로 엄선하여 순수과학 분야로 진학시켜 한국의 과학 두뇌를 만들어야 한다.
과학고 상위권이 대부분 의대나 상위권대 공대로 진학하는 것은 과학고 본래의 취지에서 벗어난 것이다.
둘째, 외국어고는 애초의 설립 목적이 대학 진학보다는 실무 외국어를 익혀 일선 현장으로 진출시키는데 두었다.
실업계에 준하는 성격으로 말 그대로의 특수목적학교였다.
그러던 것이 언제부터인가 진학 위주로 편법 운영되면서
명문 대학 진학을 위한 지름길로 인식되는 지경에 이르렀고
지금은 부유층 자녀들이나 진학이 가능한 학교가 되었다.
외국어고 졸업자들의 대학 진학에 불이익을 주어서는 안되겠지만 어문계열로 한정시키는 것이 본래의 바른 방향이다.
셋째, 자사고의 등장은 평준화 교육을 송두리째 망가뜨린
교육정책 입안자들의 최대 실수의 산물이다.
특수목적도 아니고 일반계(인문계) 사립고등학교 중에
국고 지원을 받지 않고 그 대신 등록금을 3배로 받도록
허락해 준 학교들로 그 숫자가 상당히 많다.

오늘의 우리 사회는 경제력과 학생 성적이 크게 비례한다.
과학고는 논외로 하더라도 그 많은 외국어고 자사고에
여유 있고 공부 잘하는 학생들이 몰려가고 나니
나머지 일반고는 완전히 빈혈 상태가 되어 버렸다.
고등학교가 완전히 몇 단계 등급으로 서열화되고 말았다.
우수 학생이 몰려있는 학교의 성적이 높은 것은 당연하다.
그것을 수월성 교육이라고 착각해서는 안 된다.
가진 사람 일부를 위해 절대다수가 희생된다는 오늘의
우리 교육 현실을 직시할 수 있어야 한다.

평준화가 실력의 하향 평준화를 초래했다고 말하는 것은
미시적이고 근시안적인 어불성설의 주장이다.
전국 학생의 성적을 평균하면 오히려 과거보다
사회의 발전과 함께 향상되었지 하향되지는 않았다.
교육 정책을 객관적 시각에서 백년대계로 보지 못하고
자기 자녀의 유불리에 따라 맹목적으로 주장하지 말자.
기회의 평등이 보장된 사회가 진정한 민주사회이고
정의로운 사회이며 후손들에게 물려주어야 할 사회다.

교사 정년에 따른 시비

교사 정년에 대한 논란이 많다.
무리수가 따르기는 했지만 교육개혁의 우선 과제로
애써 3년을 줄여 62세로 정해 놓았다.
일선 교육 현장의 의견을 수렴하는 과정 없이
일방적 밀어붙이기 추진으로 그 후유증이 적지 않았지만
시행 2년이 지나 그런대로 안정 단계로 접어들고 있다.
그런데 교총과 정치권 일각에서 정년 환원을 떠들어 대며
새롭게 문제의 불씨를 지피고 소용돌이를 일으키고 있다.
설령 과거의 시행 과정이 지나치게 물리적이고
비합리적이었다 하더라도, 이제 와서 새삼 거론하는 것은
비이성적이고 온당하지 못한 일이라 할 수밖에 없다.
교원단체의 하나인 교총에서 주장한다 하여
이것을 모든 교육자의 집약된 의견으로 볼 수는 없다.
교육자들의 권익 단체는 교총만 존재하는 것이 아니라,
전교조도 있고 한교조도 있다.
이들 단체에서는 자신들에게 불리할 수 있음에도
우리 교육의 미래를 위해 정년 단축을 수용했다.

이제 와서 시대 변화에 역행해 정년 환원 운운하는 것은
소아적 집단이기주의와 아전인수의 억설에 불과하며
보기에도 모양이 우습고 초라하다.
정년 연장에 대한 당사자인 교원과 일반 시민들,
특히 학부모 단체에서 반대 의견이 높다는 것은
각종 여론 조사를 통해 확연하게 드러나고 있다.
정치권에서는 국가의 백년지계인 교육적 측면보다는
정략적 차원에서 이용하고 있음을 솔직히 인정하고
잘못된 주장을 철회해야 한다.
교원도 일반 시민도 원치 않는데 무슨 선심을 쓰겠다고
무리수를 쓰는 것인지 이해할 수 없다.

본질적인 것은 교육자들의 주장이든 시민들의 의견이든
그것이 문제가 아니라, 순수하고도 객관적인 입장에서
문제의 핵심을 논해야 한다는 것이다.
오늘날의 교육은 교과서와 분필만 가지고 해나가기는 어렵다.
지식과 정보의 홍수 속에서 과거의 구태의연한 방식으로
새로운 학습 내용을 다루어 나갈 수는 없다.
물론, 나이 들어서도 끊임없이 자기 연찬에 힘쓰며 시대의
흐름에 뒤지지 않고 열정적으로 임하는 교사들도 적지 않다.
그러나, 간과할 수 없는 것은 기성세대가 사고의 틀까지
젊게 바꾼다는 것은 말처럼 쉬운 일이 아니다.

세대교체는 대자연의 순리다.
새로운 새대가 등장하면 그들에게 양보할 줄 알아야 한다.
그것은 인간이기에 지녀야 할 도덕적 의무이며 예의다.
그리고 퇴직은 인생의 끝이 아니다.
수십 년 한 곳에 얽매여 있느라, 생각만으로 끝나
버렸던 새로운 일도 해 보아야 하지 않겠는가.
세상에 태어나 한 가지 일에만 매달리다
끝나 버리는 것도 불행이다.
젊어서 해 보고 싶었던 일이 얼마나 많았던가.
굳이 경제적 손익을 따지지 않는다면
무슨 일이든 충분히 가능하다.
정년은 새로운 일을 다시 시작해 볼 수 있는 좋은
계기가 될 수 있고, 노년의 인생을 보람있게 매듭지기
위한 의미 있고 새로운 출발이 될 수 있다.
구구한 논리로 그나마의 교사상을 추락시키지 말고
의연한 자세로 후대들에게 겸허한 모습을 보여주자.

2002년

수능 출제에 대한 일언

해마다 대입수능시험이 끝나고 나면 난이도 조절에 대해
이런저런 뒷얘기들이 꼬리를 물고 수선스럽다.
전년도 성적과 큰 차이가 벌어져 진학지도가 혼란스럽다고
일선 교사들까지 덩달아 법석을 떨고 있다.
방송이고 신문이고 냄비 끓듯 소란을 떨고 있다.
단순히 점수 자체가 낮아졌다고 하여 충분한 분석도 없이
왈가왈부하는 것은 언론으로서 진중하지 못하고
언론사에 대한 신뢰를 저하시키는 경솔한 모습이다.
우리 언론이 왜 이렇게 매사에 즉흥적이고
무책임한 보도를 일삼는지 부끄러울 때가 많다.
언제는 너무 쉽게 출제되어 변별력이 없다고 호들갑을 떨어댔다.
점수 자체의 외형적 수치에만 집착하지 말고
좀 더 차분하게 문제의 본질을 헤아려야 하지 않을까.

금년에도 수능 문제가 예년에 비해 어려워진 것은 사실이다.
그러나, 출제가 잘못되거나 문제의 수준이
실력이나 능력 평가에 부적절한 것은 아니다.

가채점 결과가 97학년도와 비슷한 성적 분포를 나타내고 있어,
오히려 출제가 정상적으로 잘되었다는 느낌이다.
여론만을 의식해 난이도가 낮게 출제될 때 오히려
정확한 우열의 구별이 되지 않아 우수 학생들이
상대적으로 불리하다는 것은 불문가지의 일이다.
390점(평균 97.5) 이상을 받고도 상위권 대학에 불합격하고,
서울 시내 중위권 대학의 합격점이 370점(평균 92.5)이라면
그것이 잘못된 것으로 정확한 실력 측정이 될 수 없었다.
정상적이고 성적 분포는 상위권 대학이 평균 90점(360점),
중위권 대학은 평균 85점(340점),
서울 시내 대학은 평균 80점(320점) 정도로 유지될 때,
이상적으로 능력 있는 학생을 선발할 수 있다.
또한, 현재의 일선 고교 수업이 얼마나 파행적으로
이루어지고 있는지를 알 필요가 있다.
입시와 관계없이 고등학교 과정에서 교육해야 할 수준이 있다.
작년도 수능 수준에 맞추다 보면 수업 내용의 깊이가
한심할 정도로 낮아질 수밖에 없다.
사회인으로 생활할 수 있는 최소한의 지식과 교양을
교육해야 함에도 불구하고, 수박 겉핥기도 못 되는 빈약한
수업 내용으로 일관하고 있다는 사실을 왜 외면하는가.

다음으로, 현재의 고3 학생들은 속칭 '이해찬 세대'로

입학 시부터 선배들에 비해 엄청난 격차를 보여왔다.
특기만으로 진학할 수 있다고 떠들어 대는 바람에 애초부터 학습의욕이 극히 부진했던 것은 부인할 수 없는 사실이다.
예년도 수준의 문제에도 30-40점의 차이를 시종 유지해왔다는 것을 간과해서는 안된다.
이같은 점수의 폭을 감안해 시시비비를 따져야 한다.
더욱이 단순히 점수 자체의 높고 낮음은 입시에 아무 관계가 없다.
대학입시가 몇 점 이상의 점수를 합격시키는 절대 평가가 아니라, 모집 정원만큼 순위에 따라 선발되는 상대평가라는 점을 이해해야 한다.
이것은 상식이다.
진학지도 역시 석차 백분율에 따라 등급을 가르고 지원을 시키는 것이지, 점수를 기준으로 하는 것이 아니다.
일반인들이 점수에 익숙해 있어 편의상 합격점을 거론한다.
진학지도 경험이 있다면 난이도 자체가 아무 의미가 없다는 것은 너무나 당연하다.
수험생과 학부모님들은 현재의 점수에 일희일비하지 말고, 정시의 논술이나 심층 면접을 대비해 꾸준히 대비하는 것이 현명한 일임을 명심하기 바란다.

2005년

바보 교장

스스로 교장직을 물러나 평교사로 되돌아갔다는
기사를 보고 쉬 설명되지 않는 여러 가지 상념들에
사로잡혀 한참을 어리둥절했다.
이야기의 주인공은 충남 당진의
어느 고등학교의 한 원로교사.
교감직 5년을 거쳐 교장 임기 4년을 채우고는
자리를 훌훌 털어 버렸다 한다.
남들보다 복이 많아 한 기관의 장長의 자리까지
올랐으면 누릴 만큼 누렸고, 보다 젊고 능력 있는
후배들을 위해 길을 터주어야 하지 않겠느냐고 했다.
또 남은 몇 해를 교실에서 아이들과
어울려 지내고 싶다는 말도 덧붙였다.
이 몇 마디의 말은 그가 평생 걸어온 교육자로서의
발자취를 헤아릴 수 있게 하고, 그를 통해 진정한
스승의 모습이 어떤 것인가를 떠올리기에 충분하다.
이즈음의 세상에서는 좀처럼 들어보기 어려운
아름다운 소식이다.

몇 해 전에도 서울의 보성중학교에서 똑같은 이야기가 있었는데, 참으로 상상하기도 어렵고 또한 믿어지지도 않는 미담이라서 오랜만에 삽상한 청량제를 마신 듯 머리도 가슴도 한없이 맑아짐을 느낀다.

현행 교육법상으로는 4년씩 두 번의 임기까지 연임할 수 있으니, 마음먹기에 따라서는 8년간 교장직을 수행할 수도 있다.
중임은 이미 관행으로 되다시피 하였고
4년 단임으로 스스로 물러나는 경우는 사실상 거의 예를 찾아보기 어렵운게 우리의 현실이다.
혹 임기를 마치더라도 평교사로 내려와 근무한다는 것은 더더구나 드문 일이다.
우스운 이야기지만 사립학교의 경우 4년 임기를 무제한으로 연임하는 것이 가능하도록 제도적 보장이 되어 있다.
종신에 가까우리만치 십 년이고 이십 년이고 그 자리를 지켜낼 수 있는 것이 사립학교법이었다.
심한 경우는 정년을 훨씬 지나고 70세가 넘도록 15년간을 붙박이로 매달리는 파렴치한 예도 있었다.

인사권자의 비위만 잘 맞추면 마르고 닳도록 눌러앉는 경우가 비일비재하고 실제 이같은 일이 너무도 자연스럽게 일선 현장에서는 이루어지고 있다.
감투 냄새만 풍기면 아무리 작은 자리라도 그것을 지키기에
급급해하거나, 주변 상황과 따가운 시선에도 불구하고
보다 더 안락의자의 주인이 되기 위해 수단과 방법을
가리지 않는 게 대다수 일반의 속성들이 아닌가.
그럼에도 불구하고 차려진 밥상을 스스로 물려내고
남에게 양보한다는 것은 분명 예사로운 일이 아니다.
보통 사람의 눈에는 바보스러운 위인으로밖에 보이지 않는다.
바보에게는 앞뒤를 재며 이해를 따져보는 이중적 사고가 없다.
스스로의 행동을 저울질하며 득실을 따지거나
잔머리를 굴리지도 않는다.
그들의 사고와 행위는 지극히 단순하여 타인에게
불이익을 주거나, 인간의 도리에 어긋나는 일을
획책하는 경우도 별로 없다.
그들의 생각과 행동에는 분수에 넘치는 욕심이나
의도가 보이지 않고, 타고난 성품대로 주어진 상황에
자족하며 스스로 행복한 삶을 만들어 간다.
천성대로 살아간다는 것은 어찌 보면 소박하기
이를 데 없다는 의미이기도 하다.
티끌만 한 욕심마저도 송두리째 지워 버린 달관자적
여유와 겸손은 마치 구름 한 점 없는 봄날의 파란
하늘처럼 투명하기 그지없다.

답사 보고서

방학이 되면 학생들에게 숙제를 내주는 것이 꼭 한 가지씩 있다.
수업 시간에 배운 것을 현장을 찾아 조사하고
보고서를 작성하는 일이다.
이같은 보고서를 쓰는 일은
교직 생활 초기부터 내가 시행하고 있는
현장수업과 탐구학습의 한 방편으로
화석처럼 굳어진 불문율의 과제다.
물론 문학 답사를 위주로 하지만
때로는 역사 기행도 포함하고 있다.
답사보고서를 쓰게 하는 나름대로의 목적은 다름 아니고.
백문百聞이 불여일견不如一見이라 하지 않았는가.
수업 시간에 배우는 주요 작가와 작품의 산실을 직접 찾아보고
그에 대한 자료를 정리하다 보면 몇 시간의 장황한 설명보다,
사실감과 현장감의 효과를 훨씬 높일 수 있고
작품에 대한 이해와 감명도 앉아서 듣기만 하기보다는
한결 강하게 느낄 수 있기 때문이다.
뿐만 아니라, 3년 내내 입시에 얽매어

숨조차 크게 쉴 수 없는 그들에게
숙제를 핑계로 단 며칠이라도 가정과 학교를 벗어나
자유로운 기분을 느끼게 해주기 위함이다.
숙제를 구실로 도심을 벗어나
멀리 야외로 나가서 자연을 접해 보기도 하고,
가능하면 이 기회에 짧은 여행이라도 다녀오라는
내 나름의 헤아림이다.

간혹 아이들을 데리고 직접 이곳저곳 다녀오기도 하고,
내 반 아이들에겐 휴일을 택해 도시락과 교과서를 들고 가
해당 내용을 현장에서 직접 수업을 하기도 한다.
지난 5월엔 춘원春園 이광수李光洙를 기억에 확실히 심어주기 위해
남양주시 광릉내 봉선사 경내의 기념비와
사릉의 은거지를 조사하도록 하였고,
지난 방학엔 서울을 벗어나게 하기 위해 대상지를 서울을 제외한
지방으로 한정해 좀은 무리하고 벅찬 과제를 내주었다.
보고서 겉표지엔 현장에서 찍은 본인의 독사진을 붙이도록 했다.
가급적 먼 곳을 다녀올수록
평가를 유리하게 해주겠다는 약속도 덧붙였다.
작가의 생가와 고향, 생전에 거처하던 고가故家나 집필처,
그리고 작품의 배경으로 등장하는 곳 등, 가볼 만한 대상지를
각 도道별로 10여 곳씩 전국 100여 군데를 선정해

유인물로 나누어 주었다.
아이들이 제출한 보고서는
예상보다 광범위한 지역으로 매우 다양하며,
작성한 보고서도 전에 비해 상당히 체계를 갖추고
내용도 제법 심도있게 다루었다. 전국 곳곳에 우리 아이들의
발길이 미치지 않은 곳이 없을 정도이다.
부모님의 고향을 방문하고 잊었던 친척 집을 찾아가기도 하고
서울 토박이로 지방에 인척이 없는 아이들은
몇 명씩 짝을 지어 다녀오기도 했다.
보길도의 윤선도 유적을 비롯하여 강진의 다산초당,
예술의 고향 광주光州의 여러 문학비,
부산의 유치환 시비詩碑와 경주의 박목월 시비 등,
상당히 먼 지역까지 두루 조사되어 있었다.
부안의 매창 묘와 고창의 서정주 문학 유적,
강릉 초당의 난설헌 생가나
옥천의 정지용 시비와 생가를 당일로 다녀온 정도로
아이들의 열성이 대단했다.
온 가족이 아예 여름휴가를 자녀의 과제를 위해
동행 답사했다는 이야기와
사진이 나오지 않아 군산항을 두 번이나 다녀와야 했다는
글 내용이 깊은 인상과 감명을 자아내게 한다.
아이들의 여행기에 공통적으로 나타나는 내용은

상당히 긍정적이고 호의적이다.
첫째는, 목적지를 찾느라 고생은 했지만,
많은 사람들에게 물어가면서 자신의 문제를
스스로 해결하다 보니 자신감을 가질 수 있었다는 것이다.
여행은 어느 정도 고생이 뒤따라야 한다.
그러면서 부모와 가족에 대한 고마움과
가정의 소중함을 느껴보아야 한다.
둘째로는, 지방인들이 노소에 관계없이 친절하고
인심이 좋았다는 데서 자기 본위의 이기적 사고방식을
반성하게 했다는 점이다.
정읍의 어느 음식점에서는 기특하게 여기는 주인이 돈을 받지
않았다 했고, 문경에서는 동네 어른이 직접 안내해주며
물까지 주었다며 감격해했다.
셋째는, 만났던 사람들의 친절 덕택으로
답사 지역에 대한 편견에서 벗어나
인식을 새롭게 하고, 그 지방을 다시 가고 싶어 한다는 점이다.
자라나는 세대들만큼은 제발 지역주의를 모르고
모두가 하나 되어 살아가기를 이 기회에 간절히 기대해 본다.

음료수 캔

지훈이는 활달하고 말수가 많아 학교생활이 언제나 밝아 보였다.
활달하다는 것은 쾌활하고 원만한 교우관계를
가리킨다기보다는, 친구들과 어울려 떠들기를 좋아한다는
의미로 보는 것이 알맞은 표현일 것 같다.
수업 시간에도 옆에 아이에게 말을 걸거나 옆구리를 찌르며
자신의 분위기로 친구들을 끌어들이곤 했다.
공부보다는 잡담을 즐기는 녀석이었다.
흔히 말하는 주의산만하고 집중력이 약한 아이다.
노는 것도 어지간히 좋아해 쉬는 시간 10분을
제 자리에서 보내는 일이 드물다.
수업 종료 벨 소리와 동시에 어느샌가 공을 들고
선생님보다도 먼저 교실 문을 박차고 나간다.
다음 시간 시작은 언제나 한참 지나서
그 녀석이 들어와야 출석 확인이 완료된다.
모든 일의 마지막은 항상 녀석의 차지다.
마찬가지로 수업 시간도 그가 떠들지 않으면
온 교실이 조용하고, 그가 잠자지 않으면

그 반의 분위기나 태도는 백점 짜리가 된다.

우리 반 학생들이 교무실에 불려오는 경우의

십중팔구는 지훈이가 독점하다시피 했다.

학년을 학생들과 같이 올라오고 수업도 3년을 맡다 보니,

지훈이의 일거일동을 익히 잘 알고 있다.

담임뿐만 아니라 학년의 모든 교사가 그 녀석을 꿰뚫고 있었다.

수업 중간에 선생님 설명 가로채기는 지훈이의 뛰어난 장기長技다.

내 시간에도 말을 걸어와 그 녀석과의 문답으로

시간을 때우다시피 한 경우가 여러 번 있었다.

3학년이 되어 지훈이가 내 반에 들어왔을 때,

내나 그 녀석 서로가 은근히 반가워(?)하지 않았나 싶다.

나로서는 지훈이로 인해 우리 반에 웃을 일이

당연히 많을 것으로 생각되어 싫지 않았고,

그의 입장에서는 누구보다도 상대하기가 만만하고,

또 나름대로는 저 자신을 다른 사람보다

더 잘 이해해 주리라 판단했던 것 같다.

고3이 되면 아이들이 갑자기 철들고

말 한마디 행동 하나에 신중함이 엿보이는데,

지훈이의 모습에선 그같은 인상을 느낄 수가 없었다.

데려다가 충고도 해보고,

엉덩이를 긁어주며 격려도 하고,

녀석의 장점만을 들추며 능력을 한껏 인정하는

척도 해봤지만 대학 진학을 코앞에 두고 있는
수험생의 진지한 생활 태도는 영 아니었다.
그러던 어느 날 - 5월 모의고사가 있었던 날이다.
정기고사가 며칠씩 이어지다가 끝나는 날이나,
모의고사처럼 하루를 꼬박 고생하는 날이면 학부모님들이
가끔 아이들의 간식을 준비해 오는 경우가 있다.
아이들의 수고를 안쓰럽게 여기고 이를 위로하기
위한 부모님들의 정성과 배려였다.
간식은 대체로 빵이나 햄버거, 음료수가 준비되었다.

"하루 종일 고생 많았다.
정답은 집에 가서 정확히 확인한 후에
영역별 점수와 총점을 내일 아침 적어내도록 하라."
"빵을 먹은 후엔 빈 봉지를 돌돌 말아서 묶고,
음료수 캔은 납작하게 눌러서 나갈 때 분리수거함에 넣어라."
집단생활에서는 먹을 것을 눈앞에 두면
애나 어른이나 정신이 없다.
일상에서 흔히 먹어 보지 못한 귀한 음식도 아닐뿐더러,
인원 숫자만큼 준비되어 개개인에게 빠짐없이 돌아갈 텐데
서로 먼저 받겠다고 아우성치는 풍경을 보노라면
본능적인 욕구 중에서도 식욕이 최우선이란 것을 알만하다.
먹이를 두고 사투를 벌이는 동물들의 처절한 모습이 연상된다.

다 마신 음료수 캔은 살짝 밟으면 납작하게 부피가 작아진다.
그러면 폐품의 양도 적어지고 다루기도 한결 수월하기에
사소한 잔소리지만 아이들에게 당부하는 것이다.
한참을 떠들썩한 가운데,
갑자기 무엇이 핑하고 날라오더니
순간 내 눈에 번갯불이 번쩍하였다.
"선생님 이마에 피가 흘러요…"
만져보니 손바닥에 피가 묻어났다.
몇 방울이 뚝뚝 떨어지며 셔츠 앞부분을 빨갛게 물들였다.
캔을 세워놓고 냅다 밟는다는 게 빗나가
내 이마에 정통으로 날아와 부딪친 것이다.
정확히 이마가 아니라 왼쪽 눈두덩 눈썹 부분이었다.
아이들 속에 한 녀석의 안절부절못하는 모습이 보였다.
자기 딴엔 수습하기 어려운 충격적인 일이었던지
나오지도 못하고 우두커니 서 있을 뿐이었다.
요행이 세 바늘 꿰매는 정도의 가벼운 상처로,
지나간 일이 되어 버렸다.
그 활달한 성격에 잠시도 자리를 지키지 못하고 좌불안석이던
지훈이가 2, 3일이 지나도록 굳은 표정을 펴지 못했다.
참새 방앗간 주둥이도 아예 말을 잃었다.
종례를 끝내고 녀석을 불렀다.
"야, 이 녀석아!

너 왜 갑짜기 무게 잡고, 부처님이 됐냐?

지훈이답지 않네.

선생님 죄송합니다. 한마디면 되지, 뭐 죄 지었냐?"

"선생님 정말 죄송합니다."

" 지훈아, 담임 선생님 폭행하고 어떻게 사죄할 거야?"

"… 저 마음잡고 이제부터 열심히 할게요. "

다음 날 부모님 두 분이 다 나오셔서 어찌할 바를 몰라했다.

내 자식과 같은 나이에 같은 학년인 녀석.

저인들 고의도 아닌데,

제 딴엔 엄청난 죄를 저질렀다고 생각한 모양이었다.

집에 가서도 며칠 동안을 말도 못하고 꽤 걱정했다고 했다.

"지훈아, 다음 시험에 성적 오르면 다 용서해 줄게."

그 이후로 지훈이의 학교생활이 확 달라졌다.

다행히 교무실에 오는 일도 없어지고, 성적도 빠르게 상승했다.

물론 대학 진학도 목표에는 못 미쳤지만,

집에서 다닐 수 있는 학교에 갈 수 있었다.

1998년

김영배 선생님을 추도함

겨우내 혹독했던 추위도 누그러지고
훈풍 속에 대지엔 만물이 소생을 준비하는데
이 무슨 맑은 하늘에 날벼락이오니까,
먹먹한 가슴엔 먹장구름이 밀려오고
싸늘한 회오리바람이 어지럽게 일어납니다.
다시금 되뇌어보는 그 이름 석 자 김영배…
짧지만 굵직했던 74년의 생애
30년 지기 선배 동료로서
한생 바른길만을 인도해주신 길눈이로
당신은 언제나 기대고 싶은 언덕이었습니다.
저는 당신을 잘 알고 있습니다.
역사학 한문학을 비롯한 국학 분야의
막힘없는 지식은 진정한 실력자였고
두루 통하지 않는 곳이 없었던
당신의 학식은 진정한 지성이었으며
우리 사회가 기대하는 유능한 교육자였습니다.
물이 너무 맑으면

물고기가 모이지 않는 법이라고
적당히 눈감아주고 탁할 줄 아는 것도
하나의 처세술이라고
그만한 세월이면 알 법도 하건만
다산茶山의 올곧은 학문을 추종하며
평생 의로운 길을 골라 디디시던 당신께서는
시대를 밝혀주는 참스승이었습니다.
평생의 지기知己로 대화를 나누어 주시고
언제나 곁에서 삶의 교훈을 챙겨주시던
당신마저 이제 떠나고 안 계시니
어둡고 무거운 정적만이 침묵 속에 고요합니다.
여기 통곡의 눈물로 영원한 작별을 고하노니
임이시여,
이승의 고통과 미련 훌훌 털어내고
단신께서 평생을 기도하시던
아버지의 나라에서 맘껏 하늘 여행 누리소서.

2018년 2월 23일

낭산 이기순 삼가 올림

선생님에 대한 짝사랑

우리 학교는 개교 100주년을 바라보는 남자 고등학교다.
그런데 1980년대에 들어서면서 교육부의 남녀공학 권장에
따라 잠깐 동안 여학생을 처음으로 받아들인 적이 있다.
시내 중심부에 위치한 관계로 인구가 외곽 지역으로
빠져나가면서 학생들도 함께 줄어들어 지금은 다시
원래대로 남학생 전용이 되었고. 여학생 7회로 끝났으니까
여학생들이 교정을 누빈 것은 도합 9년에 불과하다.
그래 졸업한 여학생들이 간혹 학교에 들르면 서운해하고
자신들은 고아가 되고 출가외인이 되었다고 푸념을 한다.
짧은 공학 시절이지만 보고 느끼고 경험했던
재미있는 일들도 적지 않다.
남녀학급 양쪽을 들어가다 보면 아이들의 눈치와
정보를 한눈에 꿰뚫을 수가 있다.
낙엽 굴러가는 것만 보아도 깔깔대고 웃을 때가
여고 시절이라 하는데, 한창 감수성이 예민하고 이성에 민감한
사춘기의 그 나이에 파란만장한 사연들이
줄줄이 이어지는 건 당연한 일이 아니겠는가.

간혹 양쪽의 정보를 전해주기도 하고, 목말라하는 녀석들의 징검다리 역할을 하기도 했다. 남녀 학생들 간의 연락이나 소문은 당연한 일이니 새로운 얘깃거리가 못 된다.

화제는 학생들의 선생님에 대한 짝사랑 사연들이다.
공학 9년 동안 수업이야 남학생 학급이나 여학생 학급을 가리지 않고 들어갔지만, 여학생반 담임을 맡은 것은 단 한 번뿐이다.
학생들의 입장에서 들어주고 제 의견에 동조해 주다 보면 아이들이란 게 순진해서 감추어둔 속사연까지 다 드러낸다.
그러다 보면 우리 반 녀석들의 일거일동을 훤하게 알 수가 있다.
아이들과의 지냄에도 도움이 되고 생활지도에도 큰 보탬이 된다.
누가 어느 남학생을 좋아하고, 어떤 녀석이 어느 선생님을 마음에 두고 있는지 쉽게 파악이 된다.
그럴 땐 슬며시 양쪽에 가서 다리를 놓아주기도 한다.
"구具 선생, 우리 반 선영이가 선생님을 굉장히 좋아하던데…"
"선영아, 구 선생님이 네 칭찬을 많이 하더라.
그런데, 너 구 선생님 총각인 거 알고 있지?"
"구 선생님이 담임 선생님 대학 후배니까,
3년만 기다리라고 꼭 전해 주세요."
"야, 이 녀석아! 그 선생님이 속은 게 한두 번인 줄 알아?
너 같은 녀석들 믿다가 노총각 됐어, 인마."
양쪽으로 다니며 바람을 잡아주면,

그 녀석의 성적은 틀림없이 좋아진다.
선생님을 의식해서 학업에도 열심히 하게 되고
모든 일에 적극성을 보이게 된다.
여고생들이란 게 아직은 풋내기들이라 부끄러워하고 감추려는 속성들이 강한데, 차라리 드러내고 공개적으로 끌고가다 보면 오히려 더 자연스러워진다.
그해 겨울인가 구 선생님의 결혼식 있어 선영이를 불렀다.
"구 선생님이 너 기다리다간 환갑되겠대. 네가 졸업하고 나면 마음이 바뀔 텐데, 그때 가서 구 선생님은 오리알 되는 거 하냐? 좋아하고 존경하는 선생님 결혼식에 네가 축가를 불러주면 어떻겠니? 선생님의 축복을 빌어주는 게 진정으로 훌륭한 사랑이야, 인마!"
처음엔 물론 펄쩍 뛰고 야단법석이다.
그런 녀석을 결혼식장에 들러리로 세우고 난 후,
구 선생님에게도 선영이에게도 아름다운 추억이 될 수 있었다.

1987년

* 30여 년이 지난 얘기였는데 그 시절의 구 선생은 퇴직해서 손주까지 두었고
선영이는 미국에 거주, facebook을 통해 소식을 듣고 있다.

겨울 속리산에서

여름이고 겨울이고 방학이 시작되면 현장 연수라는
명목으로 학년별 담임교사들이 십여 명씩 단체를 이루어
여행엘 나서던 일이 과거엔 더러 있었다.
1박으로 중부지역 정도를 다녀오기도 하지만 때로는
2박 일정으로 남도南道 쪽으로 다녀올 때도 있다.
여름엔 한려수도를 겨울엔 다도해를 연결시켜
남해안을 동서로 두루 돌아보기도 하고,
때로는 홍도나 제주도까지 멀리 내치기도 한다.
20여 년 근무하다 보면 전국을 대충은 돌아보는 셈이 된다.
다른 직업의 사람들에 비해 방학이라는 시간 여유가 있기에
그만큼 여행을 즐길 수 있는 혜택도 좀은 있는 편이다.
산행이고 여행이고 평생을 즐겨 돌아다닌 덕분에
여행을 처음부터 끝까지 내가 주도하는 경우가 많다.
그에 따라 여행 중에 생기는 일도 한두 가지가 아니다.
넉넉지 못한 일정이라도 이왕 나선 길이라면
돌아보아야 할 곳은 빠뜨리지 말고 찾아야 한다는
것이 여행에 대한 나의 지론이다.

그러다 보면 일정이 바쁘고 빡빡한 경우가 흔히 있다.
또 간단한 산행이나 걷는 코스를 포함하는 일이 많아
일행들이 억지로 끌려다니다시피 하는 경우도 적지 않다.
아이들이고 어른들이고 간에 대체로 걷기를 싫어한다.
잠이 부족해 아침밥도 먹는 둥 마는 둥 한 사람들을
안내하다 보면 부득이 선의의 거짓말도 종종 할 수밖에 없다.
한 시간 거리를 20~30분으로 줄여서 말하거나,
자연경관, 유래담, 역사적 배경 등의 설명을 구미가 당기도록
입칠하여 일종의 동기 유발을 강화시켜 주어야 한다.
그렇지 않으면 애초부터 아예 출발을 하지 않으려 하기 때문이다.

1990년대 초쯤 겨울 여행 때의 일이다.
역시 2박 3일간의 일정으로 첫날은 수안보에서 묵고
둘째날은 속리산에서 여장을 풀었다.
여행을 나가면 잠을 안 자고 유달리 철야하려는 습성들.
술을 대작하고 노래방을 가고, 아니면 그림책을 두드리거나
무슨 일을 하든 잠자는 것은 시간 낭비라고 하면서
날밤을 휘저어대는 경우가 있다.
다음 날 산행을 위해 일찍 잠자리에 들 것을 그렇게 얘기해도
몇 명은 아랑곳하지 않고 결국 날밤을 새웠다.
다음날은 구름이 끼고 음산한 날씨에 바람마저 차가웠다.
법주사에서의 기온이 -6도이니, 초겨울치고는 매운 날씨다.

평지를 걸어 복천암 휴게소에서 해장 커피를 마시고 나니,
몇 사람이 산행을 하지 않고 여기서 기다리겠단다.
물론 간밤을 뜬 눈으로 보낸 그림책의 명인名人 네 사람이었다.
지금까지 여행에서의 일정을 몇 사람의 반대로 그르쳐
본 적이 없는데, 여기서 포기할 수는 없지 않은가.
아이들 달래듯 달콤한 말로 구슬려 본다.
오늘 날씨로는 문장대에 오르면 서리꽃 상고대도 볼 수 있고
운 좋으면 속리산 겨울 운해까지도 볼 수 있다고 부추겼다.
왕복 시간이 어느 정도냐기에 두세 시간이면 충분하다고
마음에 없는 거짓말을 또 해야만 했다.
문장대에서 신선대 경업대로 돌아오려면 서둘러도
네 시간은 걸려야 한다.
주저하는 분위기일 때는 바람을 잡기도 한다.
결국 애초의 네 명을 제외하고 나보다 나이가 위인
여 선생님을 비롯해 일곱 명이 오르기로 했다.
모두가 기본 복장이 나들이 차림이지,
겨울 산행을 위한 모습은 아니었다.
험한 코스도 아니고, 낯선 길도 아닌데 아무려면 어떠랴.
사실 문장대 코스는 어린아이도 쉽게 오를 수 있고,
전에도 평상복 차림으로 눈 속에 올라간 적도 있었다.
빨리 다녀오겠다는 말을 남기고 오름길을 재촉했다.
얼마 전 내린 눈으로 길은 계속 빙판의 연속이다.

가파르기는 하지만 신작로에 못지않은 널찍한 길인데도
신발들이 갖추어지지 않아 미끄럼질을 계속해댔다.
평소 산행 경험이 없는 일행들인데 다그칠 수만도 없는 일이다.
중간중간 자그마한 매점들이 적당한 거리를 두고 있어,
나타나는 곳마다 쉬기도 할 겸 들러서 동동주에 부침개를 시켰다.
서너 군데의 간이휴게소를 거치다 보니
진작부터 취기가 올라 객기를 부리고 신명이 났다.
올라갈수록 서리꽃이 나뭇가지에 잔뜩 피었다.
문장대 바위 꼭대기에 올랐을 땐 정말로 보기 어려운
겨울 운해가 운 좋게도 발아래 수평선을 이루고 있었다.
남으로는 주봉인 천황봉이 동으로는 대하산과 청화산의
봉우리들이 안개 낀 바다의 섬인 듯 둥실 떠 있었다.
모두의 입에서 탄성이 나오고 취흥에 겨워 노래까지 불러댔다.
신선대에서 늦은 점심으로 라면을 끓여 먹고 흥얼거리다 보니,
산 아래 사람들의 사정은 남의 일이 되었다.
경업대를 거쳐 처음 출발 장소에 내려왔을 때는
오후를 훨씬 지나 짧은 겨울 해는 산그늘에 가리우고
벌써 땅거미가 내리기 시작했다
약속한 두세 시간은 애당초 빈말이었고
무려 일곱 시간이 지났다.
남아있던 네 명은 휴게소 바깥 너럭바위에 둘러앉아
잔뜩 웅크린 자세로 덜덜 떨면서 그림책을 두드리고 있었다.

다짜고짜로 고참인 주임 선생이 소리를 버럭 질렀다.

“넉넉히 세 시간이면 갔다 온다더니,

하루 종일 산 속에서 기다리게 하냐?”

그 시간까지 점심도 못 먹었다 했다.

혹시 그냥 지나칠까 걱정되어, 두 시간을 휴게소 안에 있다가

미리 나와 기다린다는 게 바깥에서만 꼬박 다섯 시간이란다.

시장기를 넘긴데다가 추위에 얼어붙어 몰골이 기가 막혔다.

방석 대신 사용하느라 젊다는 이유로 윗옷을 벗긴

김 선생은 연신 콧물을 줄줄 흘려댔다.

변명과 사과로 겨우 화를 진정시키고 보은으로 나와

저녁 식사를 시켰으나, 네 분 모두 제대로 들지를 못했다.

결국 김 선생은 서울로 올라온 뒤, 육군 대위였다는 위엄도

자존심도 버리고 며칠 동안 앓아누워 있어야만 했단다.

지나간 이야기지만 지금도 가끔 그들에게

미안한 생각을 지울 수가 없다.

주임 교사였던 이 선생님은 몇 해 전 이미 고인이 되셨다.

커피 아주머니

대입 수능이 끝나고 내신을 위한 기말고사마저 지나고 나면
12월초부터 겨울 방학으로 들어가기까지 시간의 여유가 있다.
고등학교 3년간을 마무리하는 시간으로
학교마다 계획을 세워 여러 가지 행사를 갖게 된다.
대개 외부에서 저명인사를 모셔다 강연을 듣거나,
산업체 방문 또는 사적지 답사나 고궁과 미술관 방문 등의
다양한 일정으로 시간을 유용하게 활용하려 노력한다.
때로는 대학을 방문하는 경우도 있고,
2, 3일간의 짧은 졸업여행을 다녀오기도 한다.

입시에 얽매어 어느 한시도 마음 편히 쉬어보지 못하고,
휴일조차 늦잠 한번 늘어지게 잠 자지도 못한
불쌍한 한국의 고등학생들이 아닌가.
이때의 보름 정도처럼 학생들이 생기를 가지고
숨통을 열어볼 시간도 사실 이전에는 없었다.
몇 년의 질곡에서 벗어나 해방감을 만끽할 수 있는 시기다.
일단 학교를 벗어나는 것 자체가 흘가분한 일이 아닐 수 없다.

물론 지망대학 결정과 원서 접수가 남아있고,
일부는 정시 입시에 대비해 논술 준비도 해야겠지만
상당수의 학생은 느긋한 마음의 여유를 누리며 지낼 수 있다.

역사의 현장을 둘러보는 프로그램으로
병자호란의 치욕과 교훈을 되새길 수 있는
송파의 삼전도비-청태종 공덕비-와 연계시켜
남한산성 답사를 위해 성남의 은행동으로 집합했다.
그해 겨울은 첫추위가 여러 날을 두고 유난히 혹독했다.
기온이 영하 10도를 내려가고 눈발이곳곳에
희끗희끗 쌓인데다가 바람조차 매섭게 휘갈겨댔다.
느지막 일주일 추위의 절정이었던 듯싶다.
혹독한 추위로 집결 시간을 느지막하게 잡았는데도
꽤 많은 아이들이 눈에 띄지 않았다.
모두가 기다릴 수 없어 나와 다른 선생님 둘
이 남아있기로 하고
먼저 집합한 대부분의 학생과 담임들을 출발시켰다.

드문드문 한두 명씩 어슬렁거리며 나타나는 지각생들
어지간히도 입씨름하던 낯익은 유명인들이다.
새는 바가지는 나거나 들거나 마찬가지다.
뒤에도 몇 명씩 계속 오고 있다는 얘기들이다.

오는 대로 무리 지어 산성으로 올려보내고,
종점으로 들어오는 버스마다 확인해 본다.
이 추위에 아침 이른 시간임에도 건너편 공터에는
중년의 아낙이 손수레를 놓고 커피와 어묵을 팔고 있었다.
한 시간이 넘어서니 온몸이 떨리고 오금이 저렸다.
커피 한 모금으로 몸을 녹이고 추위를 이겨보나
5분도 채 못 되어 마찬가지다.
옷을 챙겨입었지만, 한파에는 아무래도 저항할 수가 없었다.
한 명 두 명 기다린 게 한 시간 반이 지나갔다.
떨고 있는 모습이 커피 아주머니 눈에 안쓰럽게 비친 모양이다.
"이 추위에 너무 고생 많으시네유.
여기 국물 한 그릇 들어보세유."
뜨끈한 어묵을 그릇 가득히 내놓는 아낙의 모습은
어디서나 볼 수 있는 커피 아주머니들의 차림새 그대로다.
"여기 내가 입는 오리털 파카가 있는데, 괜찮으면 입고 가세유.
장사할 때 입느라고 깨끗하지 못해유.
헌 옷이니 안 가져와두 돼유."
손수레 밑에서 꺼내놓은 파카는 빨간색 여자 옷이었다.
사타구니까지 오들거리는 추위에 아무려면 어떠랴. 산에 오르면
더 추울 텐데 평소 약한 비위장도 아닌 내가 마다할 리가 없다.
옷은 아낙의 말대로 낡고 온갖 땟국물에 절었다.
윈드재킷 속에 껴입으니 금세 훈기가 돌고 숨 고르기가 달라졌다.

하산길을 산성의 서문을 거쳐 거여동으로 잡았으니
성남으로 되돌아올 수 없어 한 이틀 뒤에나 가지고 오겠다고 했다.
점심 식사 때 내 복장을 본 동료 교사들이 우스워 죽겠단다.
약속한 이틀 후에 들르지 못하고 열흘쯤 지나서야
일요일에 찾아가 돌려드릴 수 있었다.
작은 정성이라도 절실하고 긴요한 사람에겐 큰 도움이 될 수 있다.
그 후로 남한산성을 갈 때면 그곳을 거쳐 가보지만,
그 아주머니는 다시 만날 수가 없었다.

연상의 여인

탤런트 최진실과 야구선수 조성민과의 결혼이 세인들의 입방아에 오른 적이 있다.

화제의 주인공이 둘 다 잘나가는 인기 연예인이고 운동선수라는 점이 크게 작용했지만, 그에 못지않은 관심은 여자가 남자보다 다섯 살인가 여섯 살이던가,

하여튼 나이가 훨씬 많다는 점에 초점이 쏠리고 이런저런 얘기들이 오갔다.

또, 호남의 어느 학교 여선생님이 중학교 근무 시절의 제자와

열 몇 살의 차이를 뛰어 건너 결혼했다는 보도도 있었다.

이들뿐이 아니라 주위에서 연상의 여자와 연하의 남자가

어울리는 경우를 적지 않게 보고 듣고 만나게 된다.

중년의 우리들겐 낯설고 어색한 이야기로 받아들여진다.

사회가 변하고 세상이 달라지는 모습임이 틀림없다.

우리 세대의 인식이 고지식한 편견과 낡은 가치관에서

벗어나지 못하고 있는 상황은 아닌지,

젊은 세대의 요즘 생각은 어떠한지 나 자신 궁금했다.

그래, 방학 전 수업 시간에 고3 몇 개 학급을 돌아가며
아이들의 생각을 알아보고 그에 대해 토론을 해보았다.
현재의 대학입시에서 논술과 구술제도가 있기도 하려니와,
너무할 정도로 발표력이 없는 아이들의 말하기 지도를
위해서도 토론 시간을 자주 가져왔다.
고3 아이들의 연령은 18세,
결혼 문제를 다루기엔 아직 요원한 느낌도 있지만,
아이들이 부모의 생각처럼 그리 어리기만 하지는 않다.

몇 가지 설문을 단계적으로 확인해 보았다
결혼에 대해 생각해본 적이 있느냐는 물음에
한두 명을 제외한 전원이 긍정적인 반응을 보였다.
연상의 여자와의 결혼도 40명 정원에 최소 1명,
최대 7명 정도만이 부정적일 뿐,
90%의 학생들이 관계없다는 대답이었다.
세태가 상당히 바뀌고 있다는 것을 염두에 두더라도
내 예측을 완전히 뛰어넘는 결과는 놀라움을 넘어서
심각한 문제로까지 비쳤다.
연상의 여자와 결혼할 때,
그 장단점이 무엇인지를 놓고 토론을 벌였다.
당연히 단점에 대한 의견은 거의 없고,
장점에 관한 논리의 전개만이 다양하고 장황했다.

누나와 어머니처럼 편안하고 따스하게 감싸줄 것 같다,
여자 나이로는 이미 직장이 안정되고 어느 정도의 금전도 저축되어 경제적으로 도움이 될 것 같다,
평균 수명이 여자가 훨씬 높으니 노후에 서로가 좋을 것 같다는 내용들이 주조를 이루었다.
여학생들의 의견을 물어볼 기회가 없어 남학생 일방의 의견이기는 하나, 신세대 아이들의 사고가 상당히 실리적이고 현실적이며 자기중심적 의식을 가지고 있음을 알 수 있다.

신세대 남자들의 의식을 다음 두 가지로 정리하고 싶다.
첫째로, 요즘의 남자들이 매우 나약해지고 있다는 생각이다.
자녀가 한둘로 그치다 보니,
어려서부터 부모의 관심과 애정을 독점하고
모든 일을 부모가 대신해 해결해 주면서
아이들의 자발성과 의지가 아예
싹도 트지 못한 영향으로 여겨진다.
아이들 입맛에 맞는 반찬으로 숟가락 들고 뒤따라 다니며
먹여 기른 그들에게 자신의 의지에 따른 행동은
애초부터 기대하기 어려웠을 것이 아닌가.
단군 이래 초유의 물질적 풍요를 누리고 자라온 세대들이기에,
혼자의 힘으로 가족을 부양하는 책임을 부담스럽게 여기고 있는 것이다.

물론, 그 세대에는 여자도 자기계발을 위해 직장 생활을
가지는 것이 바람직하겠지만, 남자가 여자의 경제력에
의지하려는 생각을 건전한 사고방식으로 볼 수는 없지 않은가.

둘째로는, 우리 사회가 점차 여성 중심의
모계사회로 탈바꿈해 가고 있다는 점이다.
신부 나이가 많았던 우리 할아버지 할머니 세대에도 그러했다.
그러나, 그때의 상황은 농사 중심이다 보니
일손을 하나라도 더 늘이기 위한 수단이었다.
동물의 왕국 프로를 보면 암컷 중심으로 가족이 형성되어
살아가는 동물의 종이 적지 않다.
맹수의 대명사인 사자가 그 예다.
근래 우리의 실정은 대개가 친가보다는 처가나 외가,
이모와의 관계가 더 가깝고 또 정겹게 어울린다.
가정의 평화를 위하는 남자들의 배려(?)도 작용하겠지만,
아이들은 거의 예외 없이 그쪽으로 쏠리고 있는 것이 사실이다.
가정에서도 여자 측의 영향력이 과거 부모 세대에 비해
월등히 두드러졌다.
여성의 사회 참여가 많아지고, 여성운동도 상당히 활발해졌다.
이에 비해 남성의 역할이 줄어들고,
남성들의 위상이 점차 저하되는 것을
사회 발전 과정의 당연한 현상으로 보아야 할는지.

섣부른 판단을 하고자 하는 것이 아니라,
여하간 남자들이 수컷의 역할을 포기하는 것이 아닌가 하는
느낌이 드는 것이다.

2001년

남의 글 써주기

매일 밤 몇 개의 라디오 방송에서 공동으로
청소년을 위한 선도 방송을 해오고 있다.
내 학창 시절에도 있었으니, 상당히 오래된 프로그램이다.
옛날엔 밤 10시 시보와 동시에 청소년의 귀가를 당부하는
내용이었지만, 요즘은 대부분이 정신훈화의 내용으로 바뀌었다.
서울시 교육청에서 제작하여 각 방송사에
테이프를 제공하고 있는 것이다.
사회 저명인사들이 나와 2~3분 정도의 짤막한 이야기를
들려주고 있는데, 출연 인사가 자신의 생각이나 경험담을
이야기하는 게 아니라 실은 남이 대신 써준
원고를 읽고 있는 것이다.
남을 위한 이같은 방송 원고 집필에 나도 한동안 관여했다.
한편으로는 작은 도움이라도 준다는 위안이 있기도 했지만,
떳떳하지 못하다는 생각이 적잖이 들었다.
살다 보면 남의 글을 써줄 때가 심심찮게 있게 마련이다.
친구의 연애편지부터, 군 생활에서 고참이나
선임하사의 것들을 써주어야 할 때가 있고

직장 생활에서 기관장이나 내 직장의 입장에서 쓰는
진정서나 건의문 등의 공적인 글도 손대야 한다.
심지어는 고위층 이름으로 비문碑文을 써야할 때도 생긴다.
문제는 대필이 아니라 그 내용이다. 나의 의견이 아닌
다른 사람의 입장에서 말해야 한다는 것이다.
내 생각이나 의견과 다를 때의 심리적 갈등이 만만치 않다.
청소년 선도 방송의 원고 내용도 마찬가지다.
담당자의 요구는 위인들의 생애에 대한 것을
주로 취급해 달라는 것으로 천편일률적이다.
조지 워싱턴과 카네기가 어떻고,
사임당과 율곡이 이러하고 등등,
지나치게 역사의 위인들에 얽매이는 것은 너무
획일적이고 좀은 진부하다는 느낌이 드는 것이다.
물론 위인의 전기에서 청소년기의 학생들에게
교훈을 줄 수 있다.
그러나, 과거의 고식적 방법에 매달리기보다
이제는 우리 주변의 일상에서 보고 대하는
작은 일에서 찾아보는 것은 어떨까.

1997년

마음의 여유

몇 년 만에 신임교사가 여섯 명씩이나 들어와
그 덕에 담임도 면하고, 그래 금년엔 마음으로나
시간으로나 학기 초부터 여유롭다.
평생을 0교시라는 희한한 수업에 쫓겨 새벽별 놓칠세라
집을 나서야 하고, 저녁이면 아이들 자율학습에 발목 잡혀
한밤이나 되어서야 돌아왔는데,
이제 전생의 업보 같은 사슬에서 벗어나 보는겐가.
새 학기가 되기 전에 미리 사양 의사를 밝히기는 했지만,
갑자기 고삐 풀린 망아지가 되고 보니
풀밭이 한없이 넓어 보이기만 한다.
세월이 젊음을 보장해 주거나 건강을 지켜주는 것이 아니니,
이 기회에 스스로 몸도 추슬러야 할 것 같다는 생각이 든다.
바쁘다는 핑계로 밀쳐두기만 했던 나만의 일도 챙겨야 할 것 같다.
그동안 얼마나 바둥거리고 살아왔던가.

매일 이용하는 승용차에서부터 탈피해야겠다.
승용차 문화가 편리를 가져다주고 활동의 범위를 넓혀준

것 같지만, 오히려 승용차 없이는 한 발자국도 움직이지
못하는 것처럼, 고약한 습관에 노예가 되면서
마음의 평화를 잃지나 않았던가 싶다.
운전을 하다 보면 공연히 신경 쓸 일도 많고,
순간순간이 생존경쟁을 위한 치열한 아귀다툼의 연속이다.
자신도 모르게 신경이 날카로워지고
숨쉬기조차 가빠지는 느낌이다.
우선 출근이 늦춰진 날은 대중교통을 이용하자는 생각이다.
시간에 구애받지 않고 느긋한 마음으로 버스나
지하철을 타기도 하고, 가급적 걷는 것을
즐겨보기로 나름대로 마음먹었다.
버스를 타거나 걷다 보면 쫓기는 느낌 없이 편안한 기분으로
이 생각 저 생각 자유로운 상념을 즐길 수 있어 좋다.
이즈음엔 학교에서 2킬로를 걸어나가 한남동에서 버스나
지하철을 타고는 집 앞까지 가지 않고 도중에
양재역쯤에서 내려 한적하고 깔끔하게 다듬어진
양재천 길을 한 시간쯤 걸어가곤 한다.

교문을 나서면서 이왕이면 집까지 걸어보자는 욕심이 생겼다.
용산에서 개포동까지의 거리는 대충 15킬로는 족히 될 게다.
한남대교를 건너 올림픽대로를 따라 강가로 이어지는 산책로-
이어지는 강둑엔 파릇한 움이 이제 겨우 돋아나는데

철이른 진달래 한 떨기가 화들짝 꽃을 터뜨리지 않았는가.
모래 먼지로 희뿌연 날씨이기는 하지만
부드러운 강바람은 완연한 봄이다.
고향으로 돌아가지 않은 철새들은 강물에서 자맥질을 한다.
강을 끼고 이어지는 좁다란 길에 나 홀로 강마을
나그네 되어 휘파람도 불고 노래도 흥얼거리며
온전한 나만의 시간을 즐긴다.

성수대교를 지나고 청담대교 철교 밑을 지나 탄천에
이르니 벌써 두 시간, 발목이 저리고 다리가 무거워진다만,
예서 다른 도리가 없으니 어찌하겠는가.
퍽퍽한 다리를 끌며 탄천을 안고 오른쪽으로 감아 돌다가
한참을 더 가서 양재천 갈림길 억새밭에 다다른다.
양재천이 탄천으로 합류되는 어름엔 모래톱이
몇 개의 작은 섬을 이루어 겨우내 이곳을 찾는
철새들의 보금자리 구실을 한다.
어둠이 깔려 오는데도 고개를 날갯죽지에 파묻은 채,
외발로 서 있는 재두루미는 숲으로 들어갈 생각을 않는다.
하루가 이미 저물었으니 너를 남겨두고
나 홀로 집에 드는구나.

피곤한 다리를 끌고 오기 세 시간 만에 사십 리 물길을

어둠이 짙게 내리고서야 겨우 돌아올 수 있었다.

비담임의 여유를 마음껏 누릴 수 있었던 하루였다.

-오늘이 내 생일이었지.

2003년

송덕비 후일담

몇 해 전 어느 분이 돌아가시면서 자신의 고택을
내가 근무하는 오산학교에 기증하신 일이 있다.
기증인의 이름은 김현부 여사로
일본강점기에 이화여전을 졸업하셨다.
슬하에 혈육 한 점 없이 사시다가 남편이 먼저 돌아가시고,
2000년도 여사님이 88세로 마저 떠나셨다.
여사님의 부친 김기홍은 오산의 설립자인 남강
이승훈과는 돈독한 우정을 나누었던 인물로 모두가
평북 정주 출신의 동향인이다.
3·1운동 때 오산이 민족정신이 유달리 강하다 하여
일본 경찰이 학교 건물을 불 질러 모두 태워 버렸을 때,
20세의 어린 나이에 부모 몰래 집문서를 가지고 와
학교를 재건하는 데 공이 컸던 분이다.
설립자 남강이 서거하고, 후에 6·25 동란으로
학교가 남으로 피난을 내려와 재건할 때에,
다시 재산을 희사하여 오늘의 학교를 일으킨 장본인이다.
돌아가실 때까지 교장과 이사장을 역임했음은 물론이다.

김 여사님의 남동생이 부친의 대를 이어
현재 이사장직을 20년 넘게 맡고 있으니,
아버지와 자식 남매 모두가 오산학교와는
질긴 인연을 맺고 있다.
사립학교의 이사장과 교장이라는 자리가 대체로 제왕적
지위에서 작은 천하를 마음대로 쥐고 펴고 주물러대기
일쑤인데, 이들 부자에게서는 단지 뒷바라지를 담당하는 것
외엔 별로 간섭하는 일이 없었다는 게 일반적 평이다.
여사의 재산은 반포의 25평 주공아파트로 4년 전 기증
당시에는 4억 정도의 가격이었던 것이 지난해 매각 시에는
강남의 부동산 값이 벼락치기를 하여 8억 5천만 원이나 되었다.
그 대금으로 학교 부지 중에 있었던 시유지를 사들여
매년 시설 사용료로 몇 백만 원씩 내던 것을 걱정하지 않게
되었고, 학생 식당도 천 명의 학생이 동시에 사용할 수
있을 만큼 크게 증축하였다.
기증하신 분의 소중한 뜻을 받들어 지난 5월 1일,
교내에 송덕비를 세웠는데, 이런저런 개운찮은
얘기들이 설왕설래하는 형편이다.
비문을 내가 지은 관계로 자의든 타의든 함께
구설에 오르내리고 있다.
한 사람의 송덕비에 주인공 외에 제삼자의 이름이
너무 많이 들어가 있다는 지적이다.

부모형제에 남편, 그리고 시동생까지 이름을
새겨두는 것은 보기가 그렇다는 것이다.

부모형제와 남편은 위에 언급하여 전말을 짐작할 수 있겠으나, 시동생의 사연은 이러하다.
시동생 되는 이는 현재의 동창회장으로 고택 기증에 결정적 역할을 했다는 것이다.
혈육이 없기 때문에 유산 상속에 친정 동생보다 시동생이 우선한다는 것인데, 실제 동창회장을 떠나 시동생으로서 기증에 한몫을 했다며, 주위에서 그의 이름을 꼭 넣어야 한다는 것이었다.
이런 사연으로 비문을 몇 번씩 수정하게 되어 나로서도 번거로웠지만, 문장의 흐름이 왠지 매끄럽지 못해 적잖이 신경이 쓰였는데, 그예 구설이 되고 말았다.
또 하나, 송덕비의 위치가 너무 튀는 자리라는 것이다.
교내에 역사적 인물의 동상이 다섯이고 비석이 넷인데, 그것들을 제치고 가장 위치가 좋은 곳을 택한 것은 고인의 동생인 현 이사장과 시동생인 현 동창회장의 보이지 않는 영향력이 작용하지 않았느냐는 것이다.
송덕비 건립을 담당하던 이들이 객관적 입장을 유지하지 못했다는 후문이다.
여하간 비문을 작성한 탓에 작은 회오리이기는 하지만,

그리 편한 심사는 아니다. 맑은 재산을 기탁하신 정성에 작은 흠이라도 끼치지 않았으면 하는 바람이다.

2004년

은행나무 단풍잎

가을이 서서히 저물어 가면서 떨어지는
낙엽이 하루가 다르게 쌓여간다.
아침 출근길엔 학교의 오르막 언덕길이 샛노란 은행잎으로
마치 융단 이불을 깔아놓은 듯 길바닥을 온통 뒤덮고 있다.
더러는 바람에 날려 한구석으로 몰려있는 곳도 있지만,
길 전체가 온통 노란색으로 물들어 있는 풍경은 보기만 해도
아침부터 가슴이 설레고 공연히 흐뭇해진다.
학교엔 은행나무가 많은 편이다.
정문길도 그렇고, 후문 길도 이제는 거목이 된
은행나무들이 길 양쪽으로 즐비하여 사계절
아름다운 풍광을 꾸며주지만, 특히나 요즘의 늦단풍 철엔
아무 데서나 흔히 볼 수 있는 것이 아닌,
우리 학교만의 자랑스러운 경관이 아닐 수 없다.
소복하게 깔린 은행잎을 가볍게 밟고 가거나,
은행잎이 몰려있는 곳만을 골라 발길로 걷어 올리며
걸어가는 모습들은 보기에도 흐뭇한 광경이다.
어제저녁 밤새도록 바람이 세차게 불어대더니,

오늘따라 등교길이 황색의 물결로 눈이 어지러울 정도다.
손으로 몇 잎을 주워 올리다 못해 팔을 벌려 한아름 안아본다.
갑자기 어린 시절의 동심으로 돌아가 은행잎을
흩던져 버리고 싶고, 이리저리 마구 내달리고 싶은
충동이 밑바닥부터 치받쳐 오른다.
아직도 나뭇가지에 매달려 있는 것들이 다 떨어질 때까지
쓸어내지 말고 그대로 두었으면 하는 바람願이 물씬 일어난다.
이맘때면 일부러 덕수궁 돌담길이든, 삼청공원이든,
아니면 과천 서울랜드 등으로 단풍길을 찾아가
가을의 낭만을 한껏 느껴보려 하는 이도 많은데,
단풍이 다 질 때까지 좀 더 기다려 보는 것은 어떨까?
이런 면에서 애써 다른 곳을 찾지 않아도 되는
우리 학교 가족들은 축복을 받았다고 느낌이다.
다른 한편으로는 당장 아이들을 시켜 쓸어내야 할
것을 되돌려 생각하니 산란한 마음이 회오리친다.
후문 몇백 미터의 길이 바로 내 학급의 청소 담당
구역이라는 것이 끊임없는 갈등을 일으킨다.
주변교사나 윗분들의 당부를 못들은 체 할 수는 없는 노릇이다.
평소에야 열여섯 명을 고정 배치시켜 수시로 깔끔히 유지했는데,
요 며칠만큼은 솔직히 그냥 내버려 두고 싶다.
도시에서 자란 아이들에게 잠시나마 고운 추억을
남겨주는 것도 교육인데, 작금의 학교 교육이

아이들을 성적에만 내몰고, 자연의 정서나 추억
만들기엔 형편이 여의치 못한 게 사실이다.
내 역시 계절을 많이 타는 성격인지라,
주말이면 낙엽 찾아갈 곳을 생각하느라 여념이 없다.
광릉 소리봉 뒷산을 헤매며 무릎을 덮는 낙엽 위에
뒹굴어 보기도 하고, 남한산성 벌봉 능선 외진
곳을 찾아 한껏 낙엽의 정취에 빠져들곤 했다.
어린 시절부터 지금껏 자연을 접하며 살아온 것이
보이지 않는 큰 정서적 바탕을 길러 주었고,
살아가면서 마음의 풍요와 행복감을 가져다주는
좋은 계기가 되어 왔다.
다음 주에 연변 자매 학교에서 손님들이 방문한다는데,
그냥 둘 수도 없는 노릇이 아닌가.
내 집에 오는 손님을 맞이하기 위해 집안을 깨끗이 하고
정리도 하는 것이 기본예절이고 도리인데,
차마 쌓인 은행잎들을 어찌 쓸어버릴 거냐.
아직 이삼일 남았으니, 잠시 모른 체 해야 할까 보다.
"애들아, 오늘은 후문 청소 그만두고 월요일에 보자!"

2002년

이런 일도

주말이나 방학이 되면 내 반 아이들 데리고 여행을 곧잘 다녔다.
도회의 골목에서 하늘만 보고 자란 녀석들은
밖으로 나간다면 무조건 좋아하고 들떴다.
나무 이름 하나, 풀이름 하나 모르는 아이들이
늘 답답하고 불행하게 여겨졌다.
그들이 어른이 되어서 과연 무슨 낭만이고 추억이고
회상할 만 한 것이 있겠는가.
몇 시간씩 땡볕 속에 땀을 흘리며 걸어도 보고,
옷이고 몸이고 흙을 묻히며 뒹굴어도 보고,
모기에 뜯기거나 벌레들에 물려도 보면서
마구 자란 아이들이 정신적으로 건강하고 따뜻한
삶의 정서도 느낄 수 있는 것 아니겠는가.
자연을 가까이서 접하고 그 속에서 청소년기를
보낸다는 것은 무엇으로도 살 수 없는 커다란 행운이며
넉넉한 삶을 위한 자양이 될 수 있다.

1980년대의 일이다.

학생 일곱을 데리고 양평 용문면 광탄리 개울로 캠핑을 나갔다.
용문천 지류가 굽이를 틀고 흐르다 두세 길 깊이의 소沼를 이루고,
건너편 봉우리엔 봉황정 정자가 있어
풍광이 매우 아름다운 곳이다.
둘째 날 밤 물고기를 잡으려 두 녀석을 끌고 나갔다.
하나는 플래시를 들게 하고 다른 녀석은
그릇을 들고 뒤따르게 했다.
나머지 녀석들에겐 텐트를 잘 지키라는 엄명을 내렸다.
고기잡이는 원래 낮보다 밤에 잘된다.
밤이 깊어지고 조용해지면 물고기들도 잠을 잔다.
물 가운데 떠서 움직이지 않고 있다.
사람이 다가가거나 물결이 일어도 요지부동의 정지 상태다.
이럴 때 반도를 대고 밑에서 건어 올리면 끝이다.
잠시 갔다오려던 것이 고기가 잘 잡히는 재미에
두어 시간이 훨씬 지났다.
하늘의 은하수도 기울고 졸음도 밀려와 텐트로 돌아와 보니
나머지 녀석들이 내 텐트는 텅 비워둔 채
다른 텐트에 몰려 카드놀이에 빠져있었다.
내 텐트로 들어가 옷을 갈아입으려 보니
누군가가 벌써 훑고 지나가 버렸다.
버너와 지갑에 반바지까지 없어졌다.
그 반바지엔 시계도 들어있었다.

다음날 아이들과 주변을 샅샅이 뒤지고
잃어버린 물건 찾느라 제대로 쉬지도 못했다.
하루를 허송했지만 사라진 물건들은 끝내 찾을 수 없었다.
가장 난감한 일은 돌아올 차비가 없다는 것과
입고 갈 아래옷이 없다는 것이었다.
아이들 주머니를 다 털어 봐도 돈이 부족하고, 바지도 아이들
것을 입어보니 허리가 작아 지퍼를 아예 채울 수가 없었다.
허나 어쩌랴.
이 몰골로 낮에 차를 타기는 곤란하고,
날이 어두워진 뒤 도로 간이정류장으로 나갔다.
우선 버스를 타고 기사 아저씨께 전후사정을 설명한 후\
신분증을 맡겼다.
대학 시절에도 강화도에 갔다가 하루를 더
묵는 바람에 그런 경험을 한 적이 있었다.
버스 맨 뒤로 가서 큰 타올로 가리고 꼼짝도 못 한 채
중간에 화장실도 들르지 못하고 서울까지 왔다.
마장동 종점 -후에 강변역 동서울 터미널로 이전- 에
내려서는 아내에게 보광동 파출소 앞으로 돈을 가지고 나오라는
전화를 하고 택시를 이용해 집까지 돌아왔다.
물론 다음날 마장동 터미널에 가서
외상 요금을 갚고 신분증을 찾아와야 했다.
아이들을 데리고 다니다 보면 해프닝이 한두 가지가 아니다.

퇴임사

시간의 한계에 이르러 밀려가는 정년이 아니고
스스로 선택한 명퇴이기는 하지만,
막상 오늘에 이르고 보니 오산五山과의 오랜 인연이
다시 한번 참으로 깊고 소중하게 느껴집니다.
임용고사 발표 후 오산학교의 부름을 받고
선뜻 응한 것이 어느새 35년.
3년을 졸업하면 열 번, 중·고 6년을 다녔으면 다섯 번을
졸업했을 만큼의 오랜 세월…
그 누가 무어라 해도 나는 자랑스러운 오산인이고
떳떳한 오산가족이었습니다.
사립학교라는 특수성에 따른 인연이기는 하나,
순간의 선택이 결과적으로 내 삶의 전부가 되었습니다.
고교 시절 김소월을 배우고, 춘원 이광수와 안서 김억,
남강 이승훈 선생을 배우면서 '오산학교' 그 이름이
진작부터 익숙했고, 한편으로는 숭고한 의미로 각인되었던
것이 오산학교와 인연을 맺게 된 계기였습니다.
오산학교는 단순히 생계를 이어가기 위한 현실적 생업의

장이라는 의미를 넘어서, 지금의 나를 이만큼 키워주고 보살펴준 거룩한 은인입니다.
이곳에 와서 결혼도 하고 자식을 낳아 장성하도록 기를 수 있었던 것도 오로지 오산의 크나큰 보살핌의 결과입니다.
평생을 살아오는 동안 어느 때 어느 곳에서든 오산의 명예는 곧바로 저 자신의 영예였기에, 작은 행동거지 하나하나에도 오산이란 이름에 누를 끼칠까 조심하고 또 조심했습니다.
봉직하는 동안 개교 100주년을 맞을 수 있었고, 김소월 시비 건립을 볼 수 있었던 것은 개인적으로 크나큰 보람이었습니다.
한국의 대표적 전통 시인인 백석의 문학 유적이 이 땅 어디에도 없는 형편인데, 후에라도 그의 모교인 우리 학교 교정에 백석의 시비가 세워진다면 오산학교는 또 하나 의미 있는 문학의 현장이 될 것입니다.
이것이 제가 기대하는 소망입니다.

이즈음에 신자유주의라는 전도된 가치관이 교육 현장에까지 만연하고 있습니다.
외형적 수치로 나타나는 실적과 결과만을 만능의 척도로, 또 교육의 지표로 삼고 있는 듯이 보입니다.
학생에게도 선생님들에게도 무한경쟁만을 요구하고 있습니다.

나만 살아남는 경쟁보다는 더불어 살아가는 지혜와
너그러운 심성을 가르치는 것이 교육이라 믿었기에,
나름대로 아이들에게 꿈과 정서를 심어주는
교육자이고 싶었습니다.

퇴임은 막장의 끝이 아니라 또 다른 삶의 시작입니다.
그동안 직장에만 묶여있던 발을 새로운 영역으로
내딛게 하는 의미 있는 출발입니다.
이제 몸과 마음의 여유를 가지고 미루어
두었던 일을 해보고자 합니다.
다양한 여행도 즐기고, 산촌에서의 전원생활도 체험해 보고
작지만 남은 여력을 보탤 곳도 찾아보고자 합니다.
구체적으로는 답사 여행의 길라잡이 역할이며,
다문화 가정의 어린아이들이 우리말 어휘력을 신장시키는
일에 조력해 볼까 하는 계획입니다.
우리 동료 교직원 모든 분의 염려와 정성으로
이렇게 건강도 완전히 회복하였습니다.
그동안 베풀어 주신 관심과 사랑, 정말 고맙습니다.
곱고 소중한 우리의 인연을 오래도록 기억하겠습니다.

2011년 2월 10일

오산고 교정 이중섭 그림비 앞에서(2011. 퇴임식 날)

대만 야류지질공원에서(2008년)